# Das kann ich schon 

Name:



A B C D E

H I J K L M N O

P Qu R S T U V

W X Y Z Ä Ö Ü

Au Ei Eu Sch Ch Pf

Sp St ng nk ie ck ß

# Das kann ich schon mit Schwung!

ei eu au ie

ch ck k le te

el en er

in an du de

E Gg Ww

Auf den blauen Seiten
kannst du ausprobieren,
Buchstaben zu verbinden
und zu verändern.
Mit Schwung schreibst
du immer schneller!

# TINTO

## Buchstabenordner

Ausgabe in Grundschrift

von
Dr. Rüdiger Urbanek

und
der Redaktion Primarstufe

mit Illustrationen von
Eva Czerwenka, Yo Rühmer, Anke Sebening
und Isabelle Metzen

Cornelsen

Deine **interaktiven Gratis-Übungen** findest du hier:

1. Gehe auf scook.de.
2. Gib den unten stehenden Zugangscode in die Box ein.
3. Hab viel Spaß mit deinen Gratis-Übungen.

Dein Zugangscode auf
www.scook.de | czrmm-p56gf

# Liebe Eltern, liebe Lehrerinnen und Lehrer,

die Kinder lernen zunächst, die Laute der Wörter abzuhören und die Lautfolge mit Hilfe des Buchstabenhauses in Buchstaben umzusetzen. **Sie schreiben, was sie hören.** Häufig sind die Wörter noch unvollständig.
Anfangs können die Kinder ihre eigenen Wörter und Texte in der Regel noch nicht lesen.
Auch die kleinen Texte im Buchstabenordner müssen sie zu diesem Zeitpunkt noch nicht lesen können.
Die Kinder sollten täglich Wörter, Sätze oder Texte selbstständig (mit Hilfe des Buchstabenhauses) verschriften (nicht abschreiben!). Durch das Schreiben lernen sie das Lesen.
„Fehler“ sind notwendige Schritte auf dem Weg zum richtigen Schreiben. Die Hinführung zur Rechtschreibung sollte behutsam einsetzen und kontinuierlich ausgeweitet werden.

# Zum Einsatz des Ordners

Die Seiten zu den einzelnen Buchstaben/Lauten sind farblich der Stellung im Buchstabenhaus angepasst (rot, gelb, grün) und alphabetisch sortiert. Häufig können die Kinder die Reihenfolge der zu bearbeitenden Buchstaben/Laute selbst bestimmen (allerdings sollten sie anfangs die grünen Seiten mit den „Spezialbuchstaben“ aus dem Keller des Buchstabenhauses auslassen; auch die blauen Seiten mit den Verbindungen und Variationen der Grundschrift sollten erst eingesetzt werden, wenn die entsprechenden Einzelbuchstaben dazu sicher beherrscht werden). Die Kinder nehmen die gewählten Seiten aus ihrem Ordner heraus. Eventuell werden unfertige Blätter in eine Klarsichthülle gelegt. Der mit Namen beschriftete Ordner bleibt immer an einem festen Platz in der Klasse stehen.

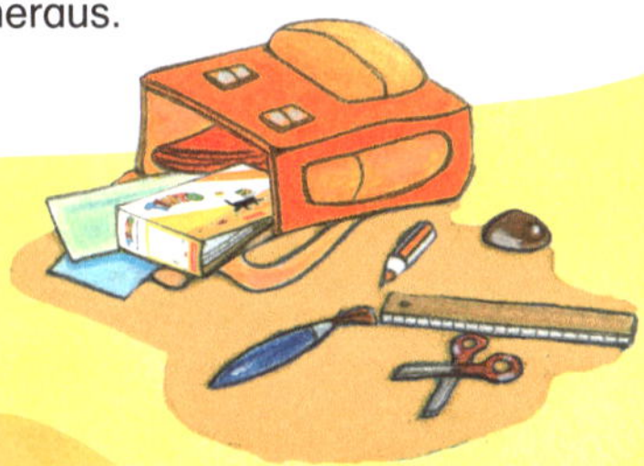

Die fertig bearbeiteten Seiten werden schließlich wieder in den Ordner geheftet, diesmal jedoch ganz nach hinten. Hierbei ist es hilfreich, wenn alle bereits bearbeiteten Buchstabenseiten durch das beigefügte Trennblatt von den anderen abgetrennt werden und die Kinder die entsprechenden Buchstaben auf dem Trennblatt anmalen. So erhalten Lehrer wie Eltern Einsicht in den Bearbeitungsstand eines jeden Kindes. Auf der Rückseite des Trennblattes sind Buchstabenverbindungen und -variationen aufgeführt, zu denen sich auf den blauen Seiten Übungen befinden. Kater Tinto verweist bei den entsprechenden Buchstabenseiten des Ordners auf diese Seiten: „Probiere aus“.

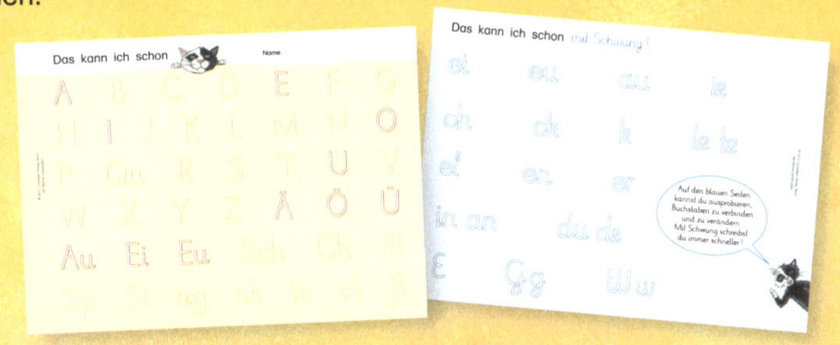

## Beschreibung der Übungen

1

**Auditiv/visuell/motorisch:**
Buchstaben mehrmals mit dem Finger/Stift nachfahren; passende Anlautbilder, Buchstaben und Wörter aus Zeitschriften ausschneiden und dazukleben.

2

a

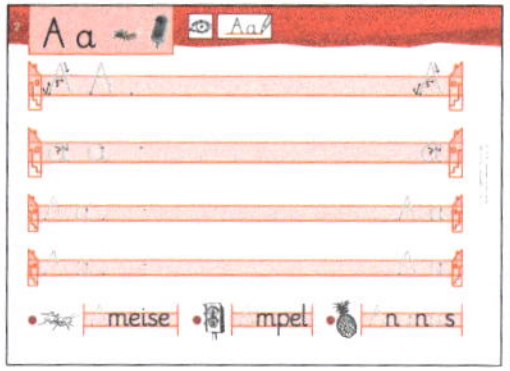

b

**Visuell/motorisch:**
Buchstaben bzw. Wörter in Lineatur nachfahren, Reihen voll schreiben.
Differenzierung: Wörter in gesondertes Heft abschreiben.

3

a

b

**Auditiv:**
Bilder mit entsprechendem Anlaut anmalen (a,b);
Differenzierung: Silbenbögen zeichnen, je nach Lernsituation des Kindes zusätzlich Vokale in die Silbenbögen eintragen oder/und im Wort rot markieren (a), Wörter mit Hilfe des Buchstabenhauses verschriften (a, b) oder Satz/Text zum Bild schreiben (b).

4

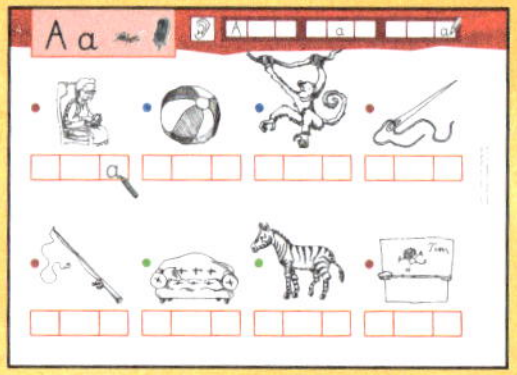

**Auditiv:**
Stellung des Lauts im Wort bestimmen: An-, In-, Auslaut eintragen. Differenzierung: Stellung des Lautes nur ankreuzen.

5

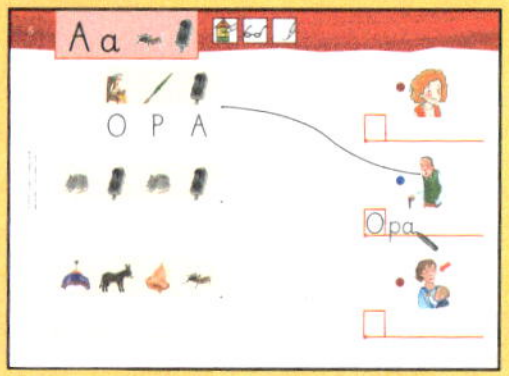

**Auditiv/visuell/motorisch:**
Anlautbuchstaben mit Hilfe des Buchstabenhauses eintragen, Wort lesen und mit den passenden Bild verbinden. Differenzierung: Wörter mit Kleinbuchstaben aufschreiben. Hinweis: Nomen schreiben wir nur am Anfang groß.

6

a

b

c

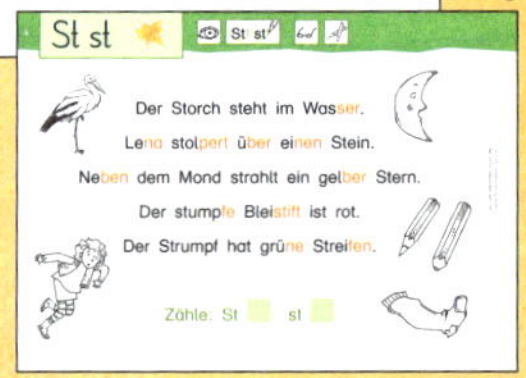

**Visuell:**
Buchstabenfelder anmalen (a) oder/und Buchstaben/Laut einkreisen (b, c). Bei richtiger Lösung ergibt sich ein Bild (a) oder der Buchstabe/Laut selbst als Form (b).
Differenzierung:
Fragen beantworten (a); Buchstaben aus dem Text zählen (b, c), Texte lesen (b, c) oder Malaufträge ausführen (c).

Zu jedem Buchstaben/Laut gibt es in der Regel 6 Seiten mit immer wiederkehrenden Übungen, sodass alle Kinder schnell selbstständig mit dem Ordner arbeiten können.

TINTO

Buchstabenordner

von
Dr. Rüdiger Urbanek und der Redaktion Primarstufe

Redaktion: Jutta Wild, Imke Pelz
Illustrationen: Eva Czerwenka, Yo Rühmer, Anke Sebening und Isabelle Metzen
Umschlagillustration: Eva Czerwenka
Layoutkonzept und Umschlaggestaltung: ROSENDAHL BERLIN - Agentur für Markendesign
Layout und technische Umsetzung: beluga-grafikbüro, Jutta Stindtmann, Berlin

**www.cornelsen.de**

1. Auflage, 1. Druck 2018

Alle Drucke dieser Auflage sind inhaltlich unverändert
und können im Unterricht nebeneinander verwendet werden.



Druck: H. Heenemann, Berlin

ISBN: 978-3-06-084284-1

PEFC
PEFC/04-31-1156

**PEFC zertifiziert**
Dieses Produkt stammt aus nachhaltig bewirtschafteten Wäldern und kontrollierten Quellen.

**www.pefc.de**

**Arbeitssymbole**

 hören

 sehen

 Silben klatschen/schwingen

 Silbenbögen zeichnen

mit dem Buchstabenhaus verschriften

 malen

 verbinden

 einkreisen

 schreiben

 lesen

 ankreuzen

der die das

A
E
O
I
U
EU
Ä
EI
Ö
AU
Ü
D
T
G
K
B
P
W
F
J
CH
BUCH
S
BUS
Z
H
SCH
M
N
-NG
L
R
RING

A a
E e
O o
I i
U u
Eu eu
Ä ä
Ei ei
Ö ö
Au au
Ü ü
D d
T t
G g
K k
B b
P p
W w
F f
J j
Ch ch
Buch
S s
Bus
Z z
H h
Sch sch
M m
N n
-ng
L l
R r
Ring
Sp sp
Qu qu
X x
Y y
Baby
Knie
-ie
Bank
-nk
St st
Pf pf
V v
C c
Sack
-ck
Fuß
-ß

# A a

# A a

A a 

A A

a a

A a A a

A a A a

Ameise

Ampel

Ananas

# A a

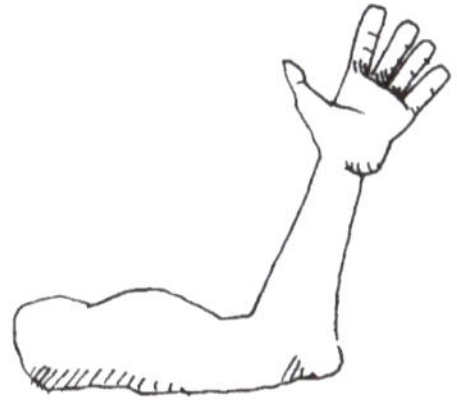

A

# A a

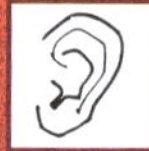

| | | | | | | | | |
|---|---|---|---|---|---|---|---|---|
| A | | | | a | | | | a |

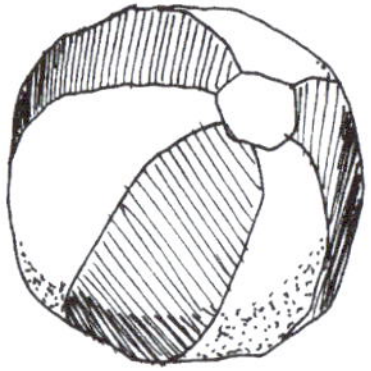

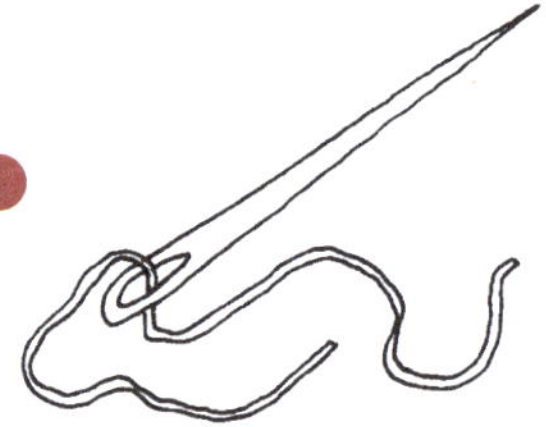

| | | |
|---|---|---|
| | | a |

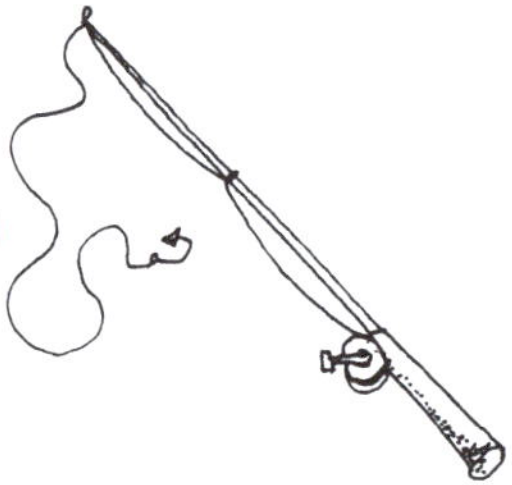

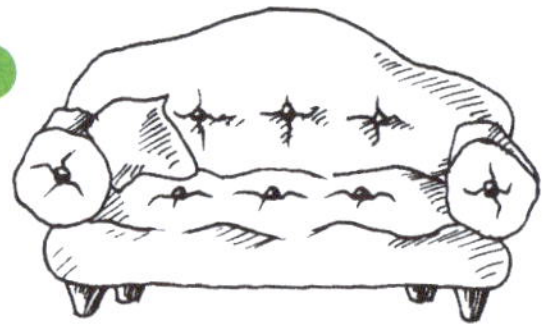

# A a

O P A

Opa

# A a

Wer ist am Ast? ▶

# B b

# B b

B b

B B B

b b b

B b B b

B b B b

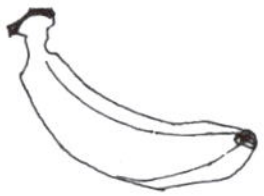

Banane

Biber

Rabe

# B b

# B b

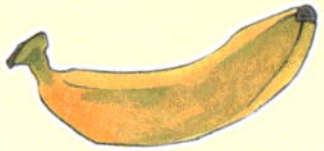

| | | |
|---|---|---|
| B | | |

| | | |
|---|---|---|
| | b | |

| | | |
|---|---|---|
| | | b |

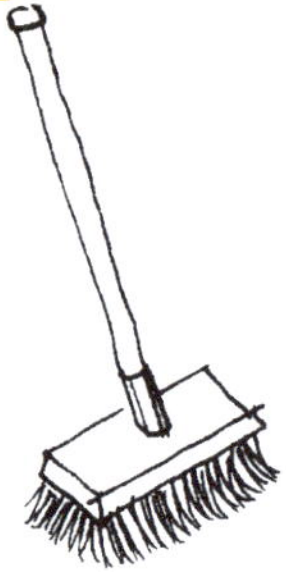

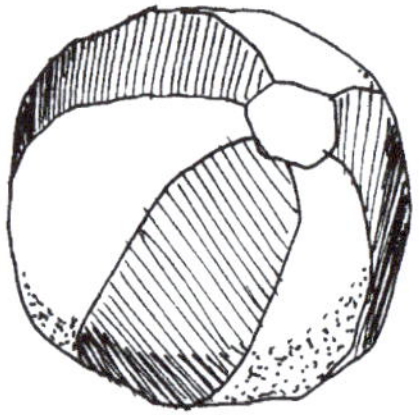

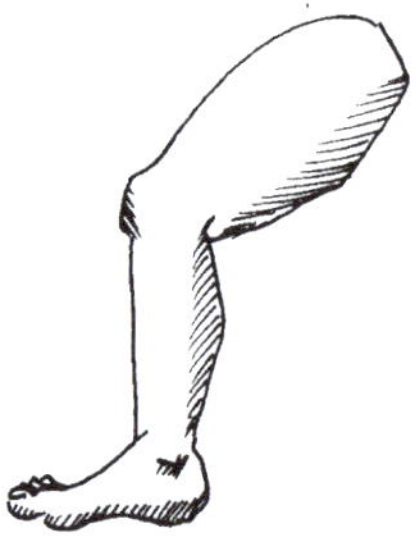

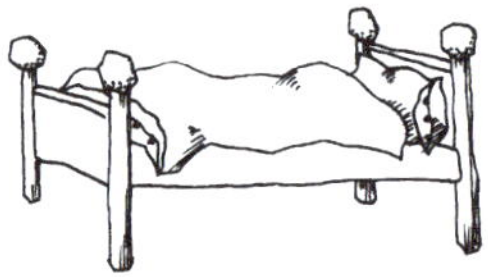

# B b

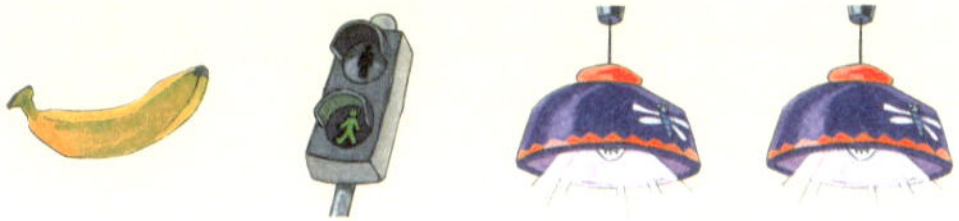

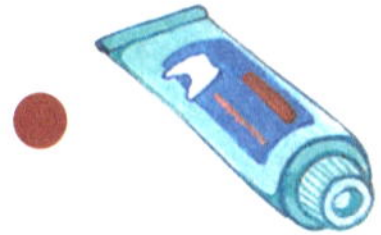

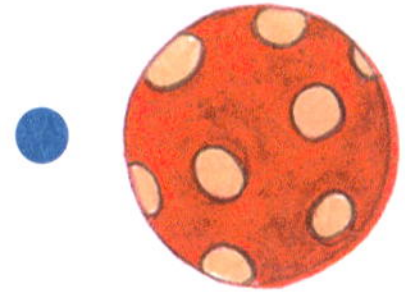

# B b

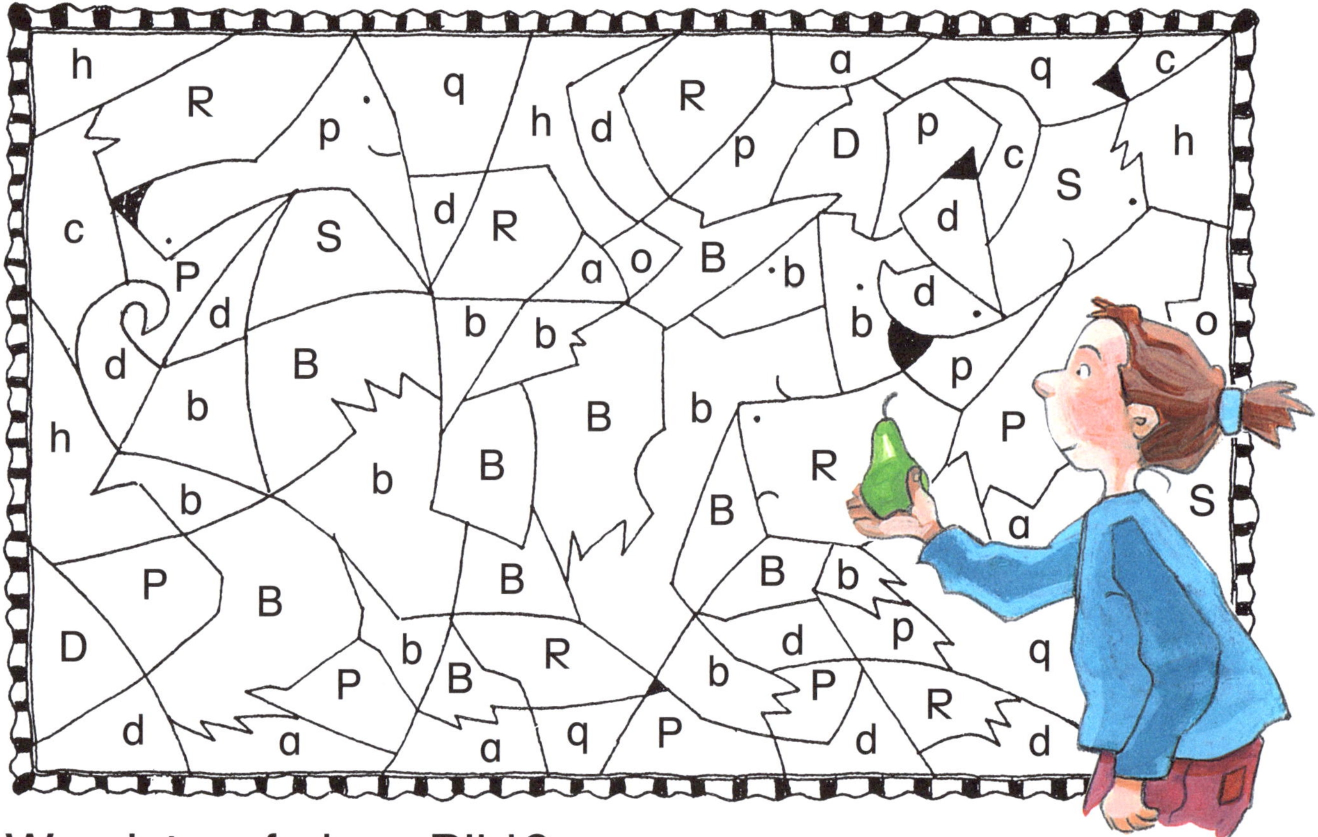


Wer ist auf dem Bild?

# C c

# C c

C c

C C

c c

C c C c

C c C c

Computer

Cent

Comic

# C c

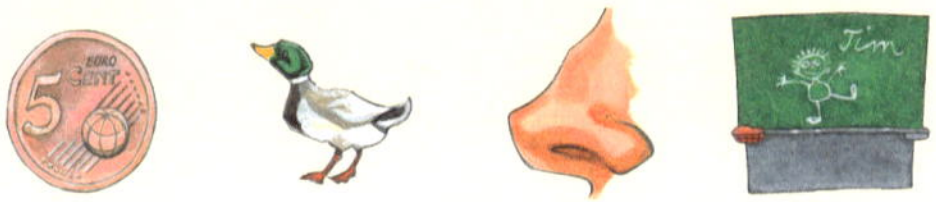


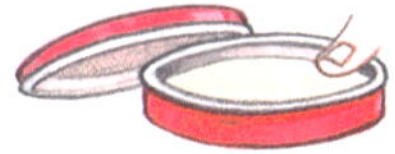

Hilfe!

Was ist mit dem

Computer los?

Wer war an der Maus?

Zähle: C ___ c ___

# D d

# D d

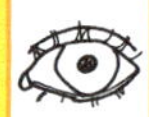

D d

D D D

d d d

D d D d

D d D d

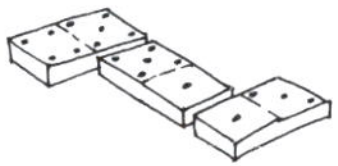

Domino

Dose

Nudel

# D d

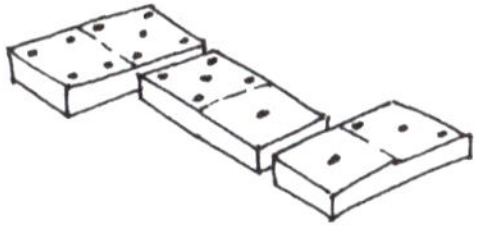

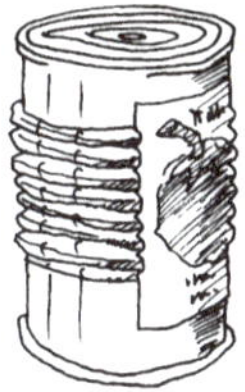

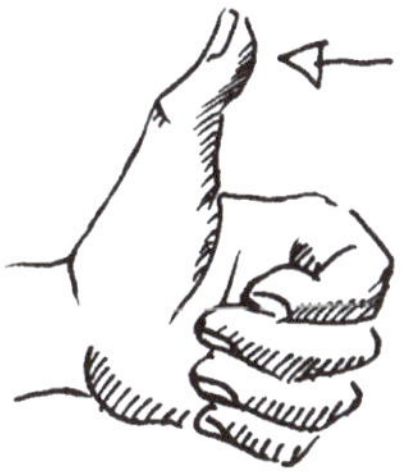

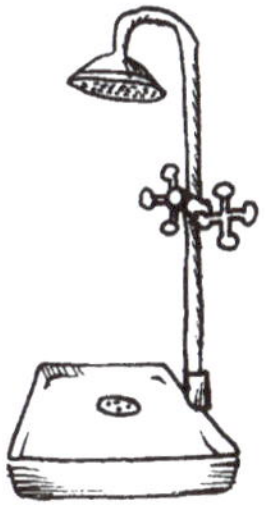

# D d

D d d

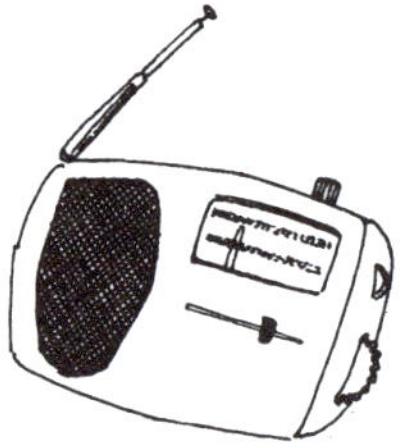

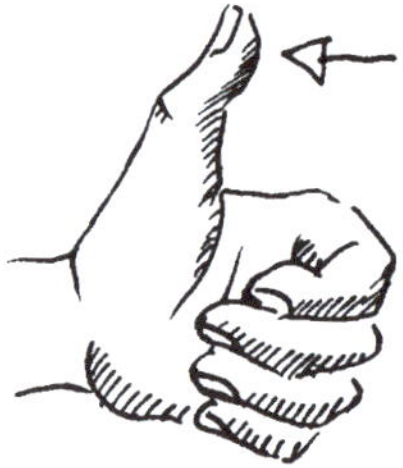

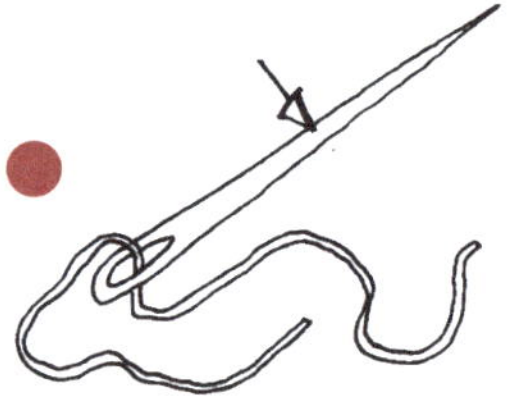

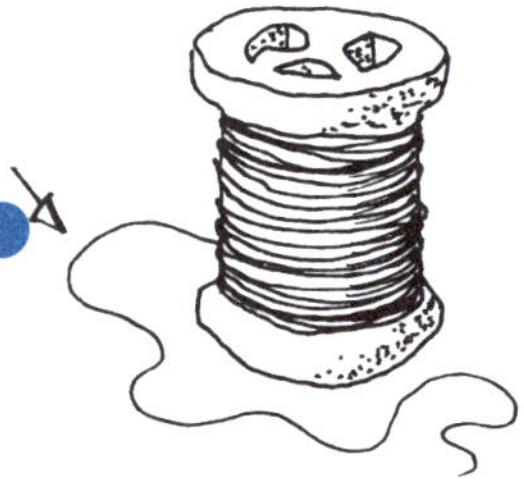

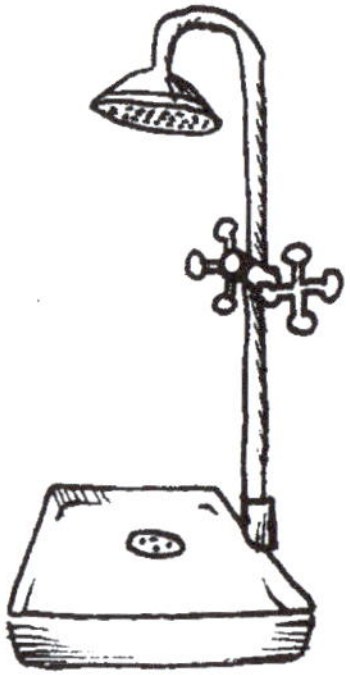

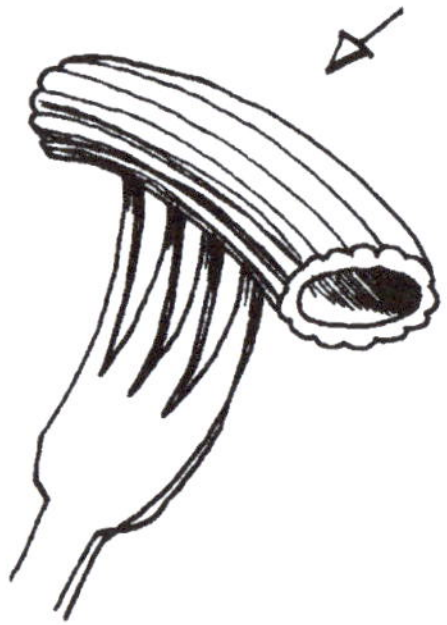

# D d

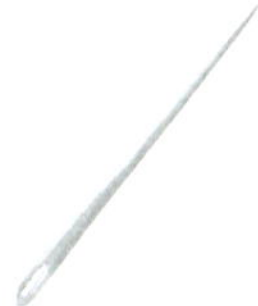

# D d

Drei wilde Hunde
rennen durch das Dorf.
Durch das Dorf
rennen drei wilde Hunde.

Zähle: D ___ d ___

# E e

# E e

 E e | Ɛ e

E E

e e

E e E e

E e E e

 Esel

 Ente

 Erdbeere

# E e

# E e

E

e

e

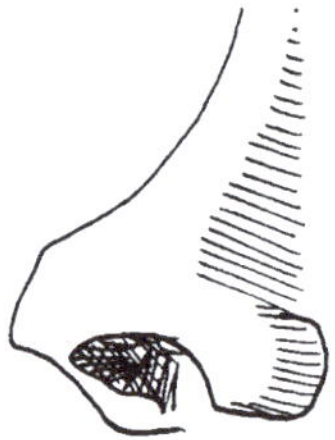

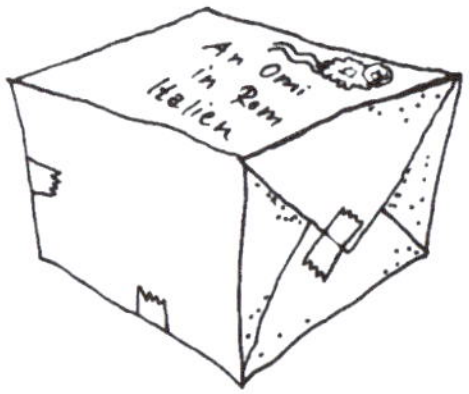

# E e

Ene mene miste,

es rappelt in der Kiste.

Ene mene meck –

und du bist weg!

Zähle: E ☐ e ☐

1
2
3
1
2

# F f

Ff

F F

F

f f

f

F f

F f

F f

F f

Fisch

Foto

Affe

# F f

# F f

| | | | | | | | | |
|---|---|---|---|---|---|---|---|---|
| F | | | | f | | | | f |

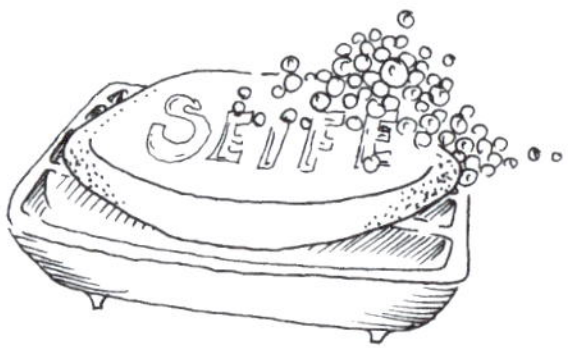

# F f

# F f

Was ist auf Fatmas Foto?

# G g

1 1

Probiere aus:

G g

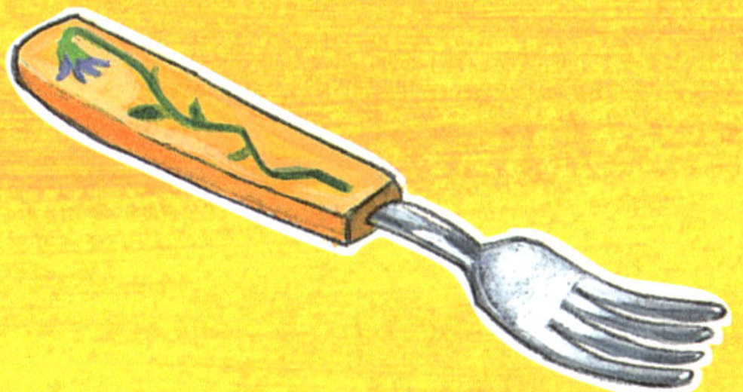

# G g

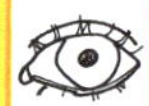

Gg

Gg

G G G

g g g

G g G g

G g G g

Gabel

Geige

Igel

# G g

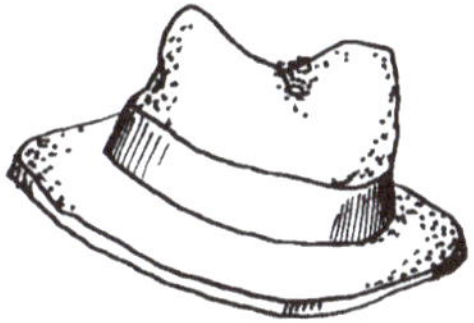

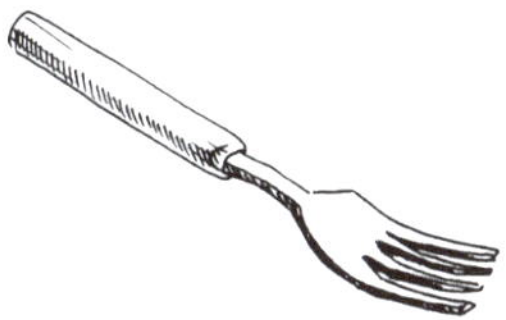

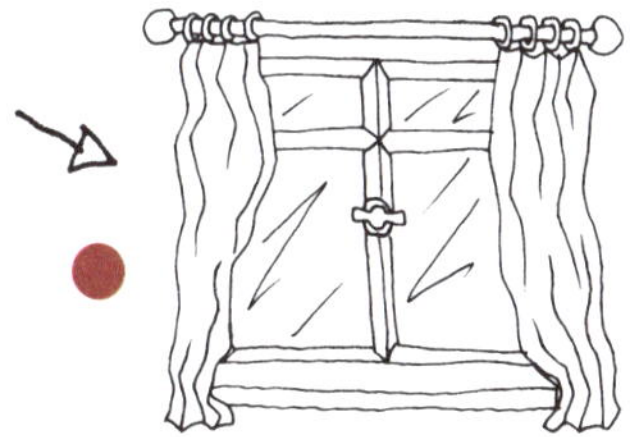

# G g

G g g

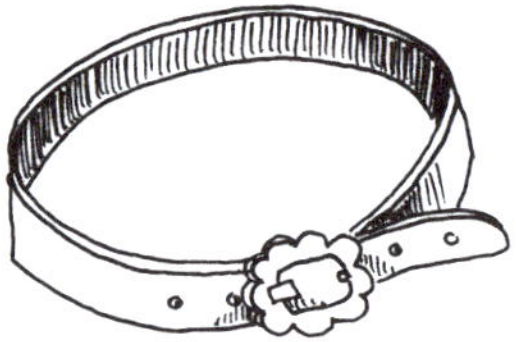

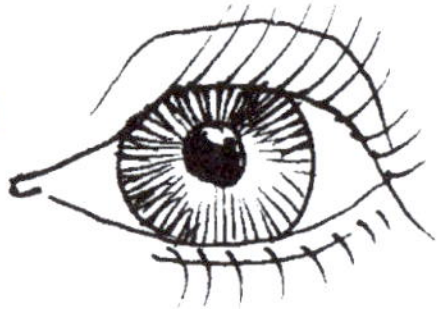

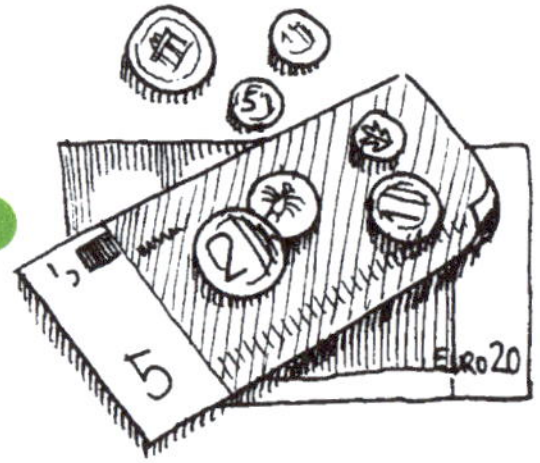

# G g

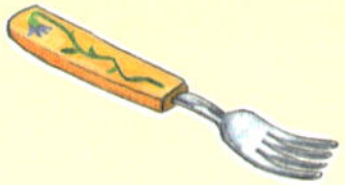

# G g

Male alle Goldtaler mit G und g gelb an.

1
2
1
3
Hh

# H h

H h

H H

h h

H h H h

H h H h

Hose

Herz

Osterhase

# H h

# H h

| | | | | | | | | |
|---|---|---|---|---|---|---|---|---|
| H | | | | h | | | | h |

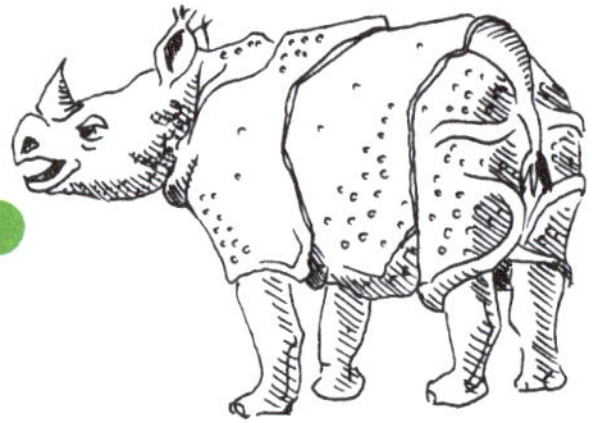

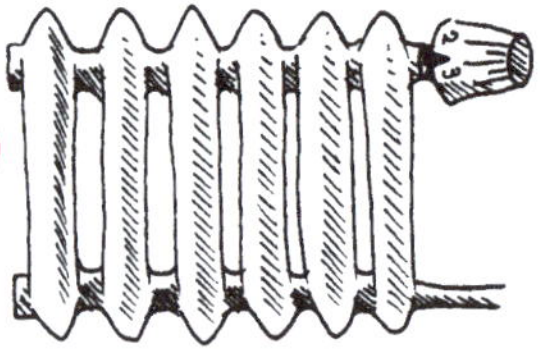

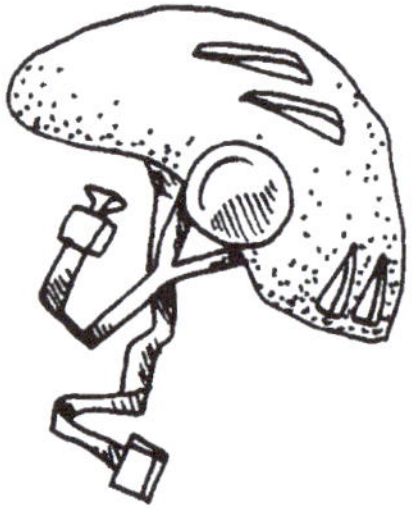

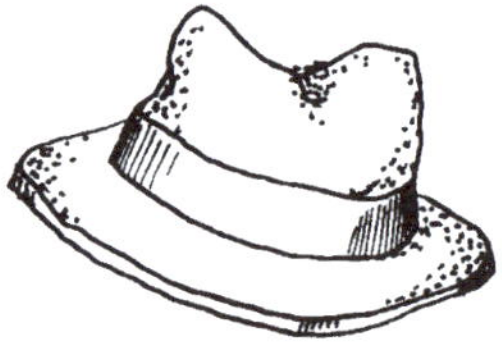

# H h

# H h

Hundert Hasen

hopsen hin und her.

Hundert Hasen

finden das nicht schwer.

Zähle: H ___ h ___

I i

# I i

I i

1

1

2

1

2

1

I i

I i

I i

I i

Igel

Iglu

Bikini

# I i

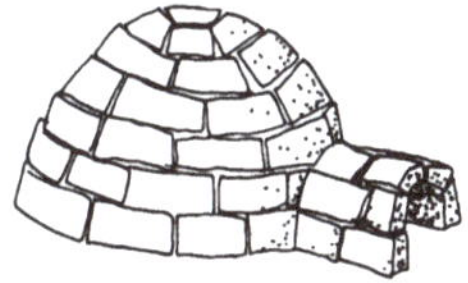

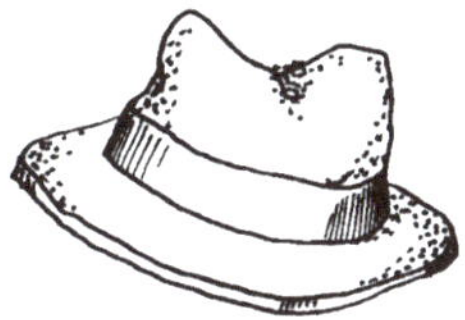

# l i

| | | | | | | | | |
|---|---|---|---|---|---|---|---|---|
| l | | | | i | | | | i |

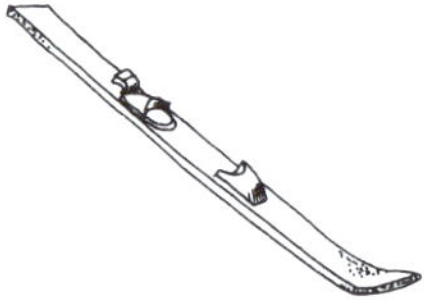

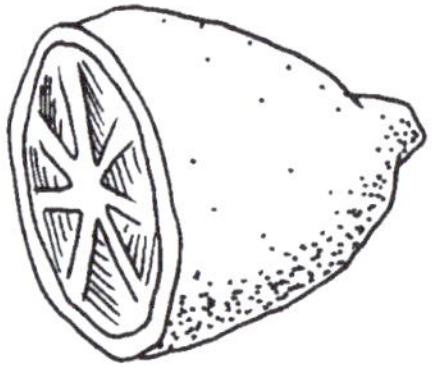

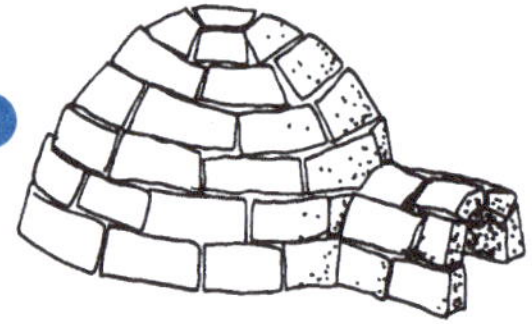

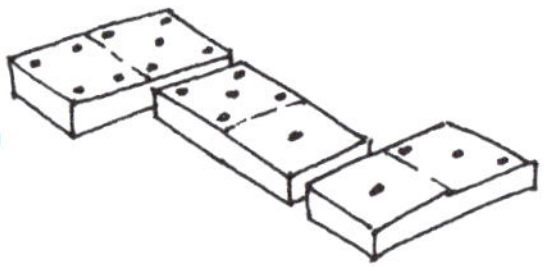

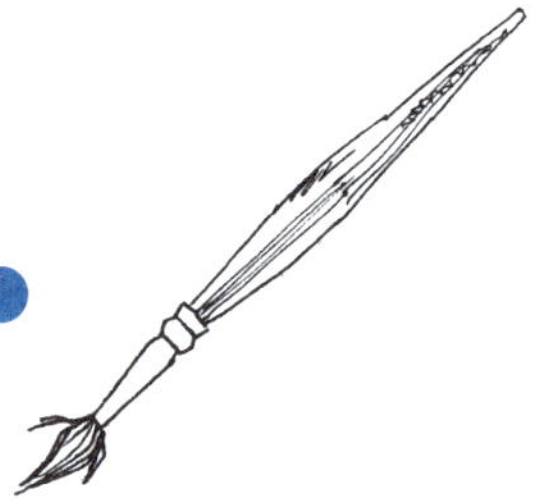

# I i

# I i

Was frisst dieser Igel? ____________________

ز ر

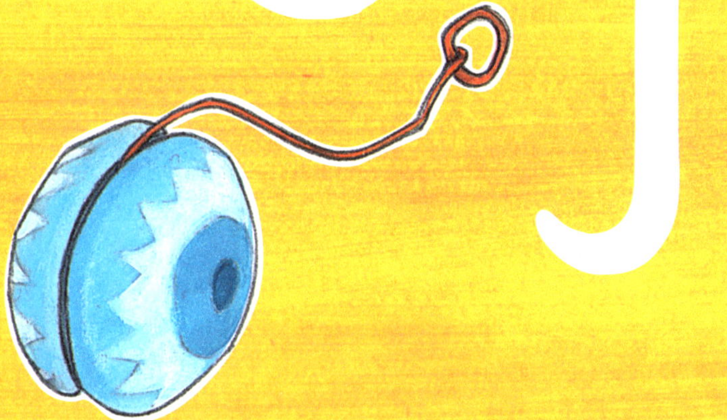

2

# J j

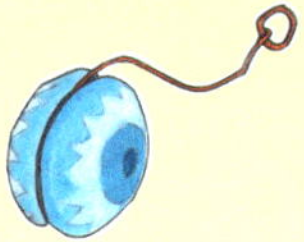

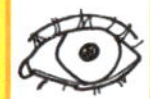 J j

 Jojo

 Junge

 jagen

# J j

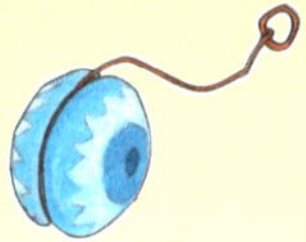

# J j

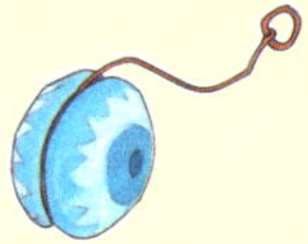

Julia Jasper Antje Mirjam
Jason Sonja Jakob
Jim Anja Jan Mitja
Jannik Maja Ronja
Jenni Alexej Jonas
Jasmin Svenja Kolja

Zähle: J ___ j ___

1
2
1
2

Probiere aus:
K k

# K k

K k

K k

K K

k k

K k

K k

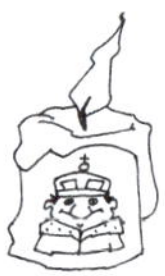

Kerze

Kaktus

Keks

# K k

# K k

K k k

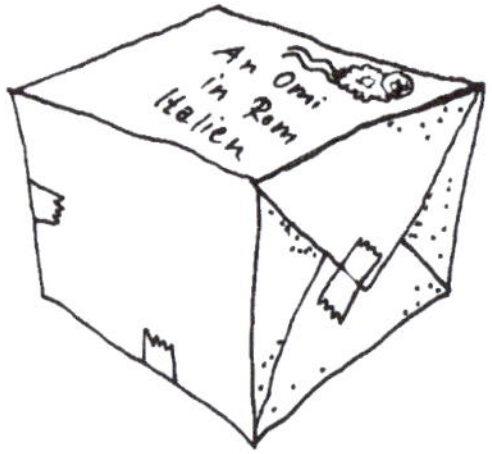

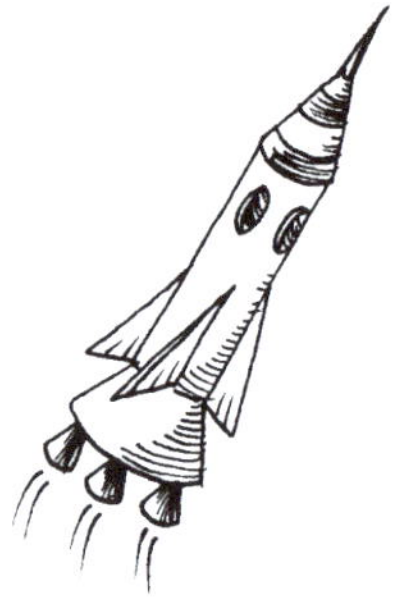

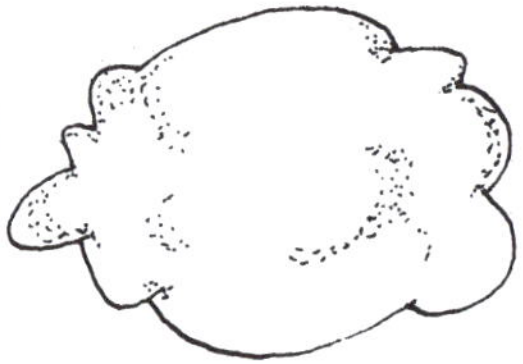

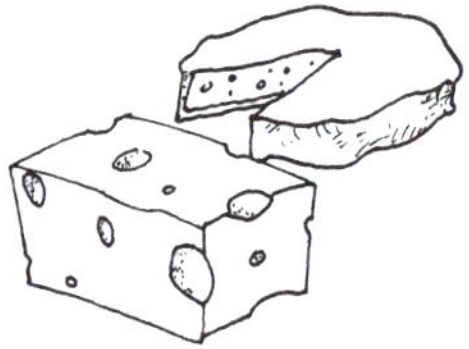

# K k

# K k

Kleine Kinder kommen

in den Kindergarten.

In den Kindergarten

kommen kleine Kinder.

Zähle: K ☐ k ☐

Probiere aus:
L l

# L l

L l

L l

Lampe

Lolli

lila

# L l

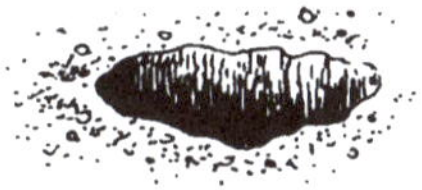

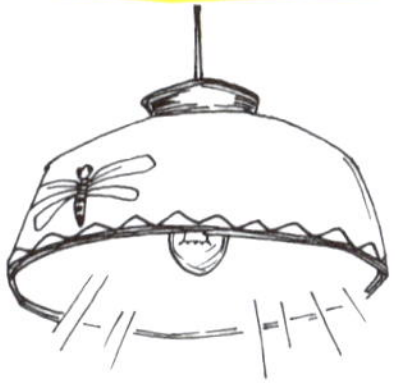

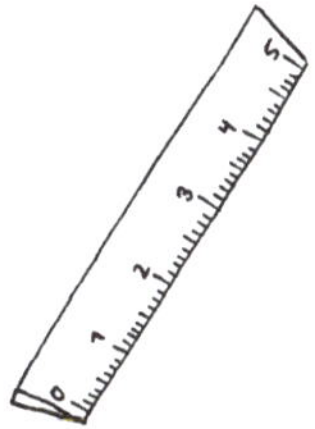

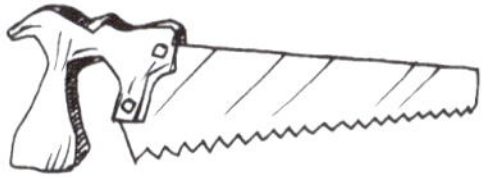

# L l

L l l

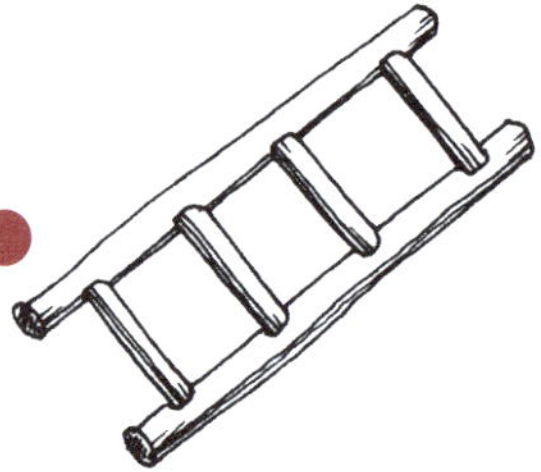

# L l

# L l

Wer ist an Lenas Leine? ________________

# M m

1 1

# M m

M m

M M M

m m m

M m M m

M m M m

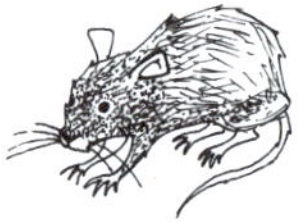
Maus

Mama

Murmel

# M m

# M m

M m m

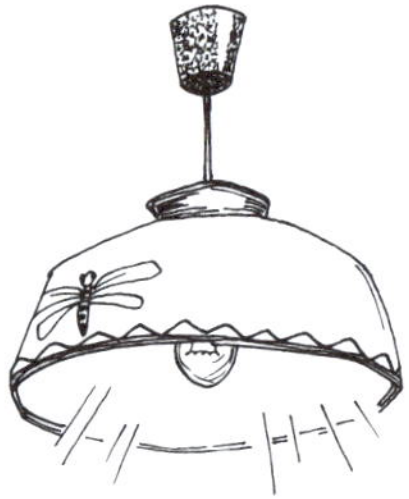

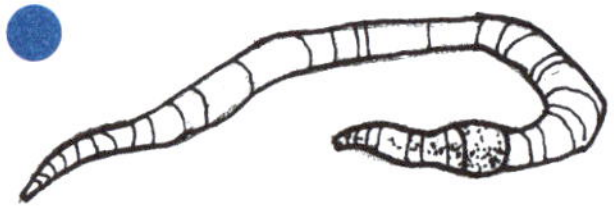

# M m

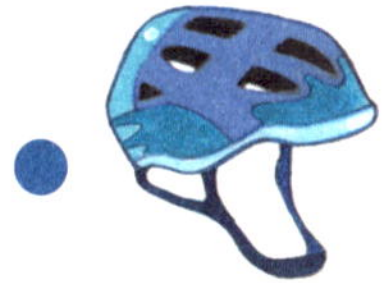

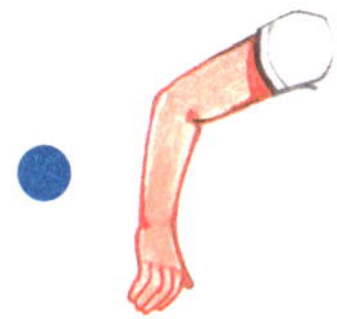

# M m

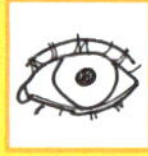

M m

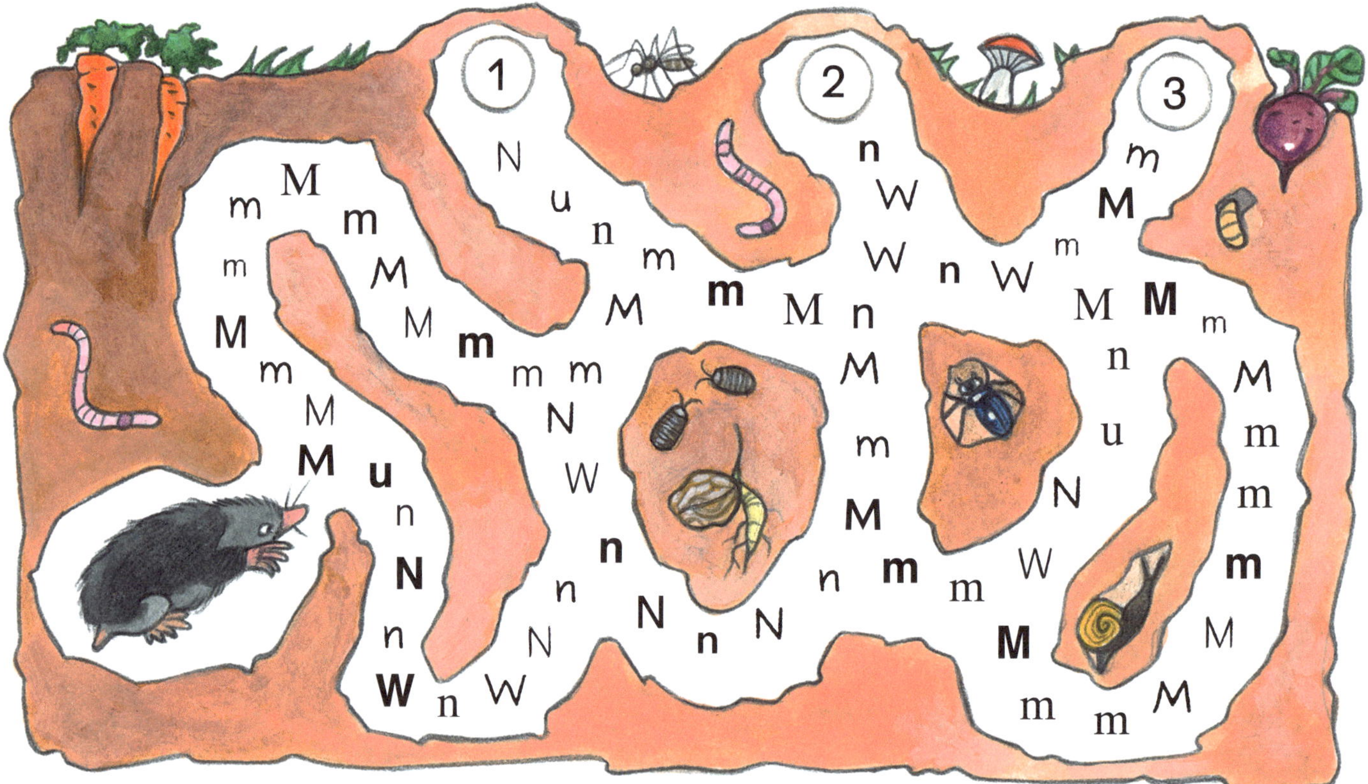


Wo kommt der Maulwurf raus?

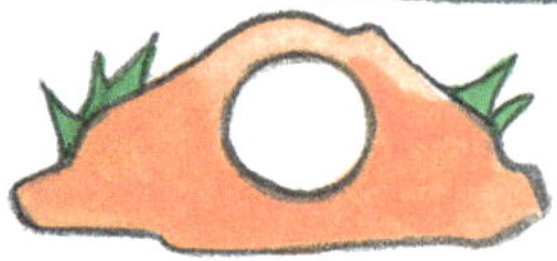

1
N
1
n

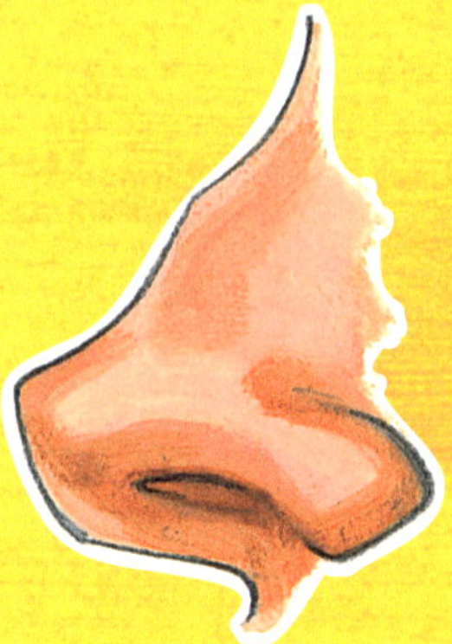

# N n

N n

N N

n n

N n N n

N n N n

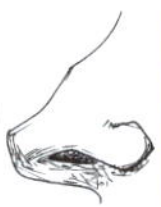

Nase

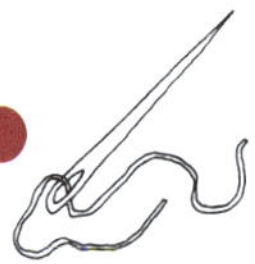

Nadel

Nashorn

# N n

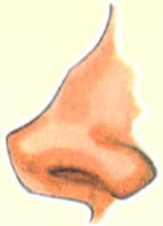

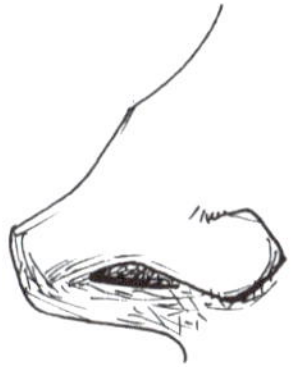

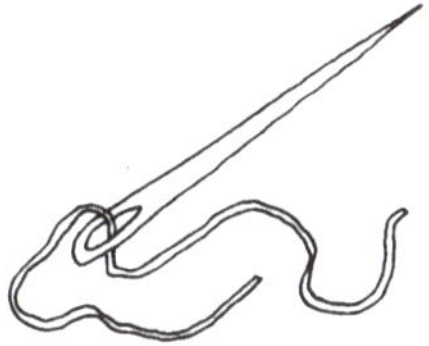

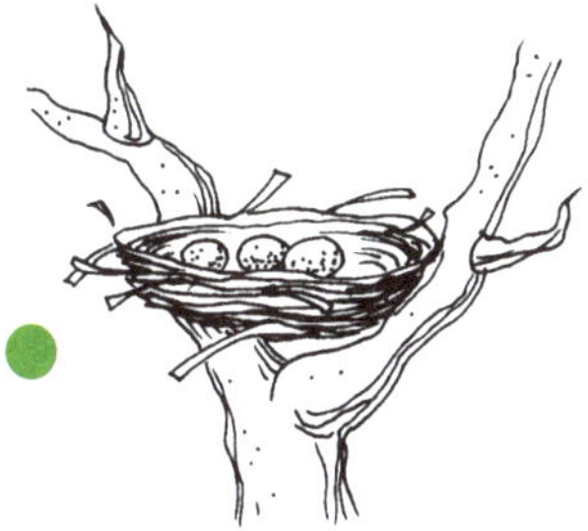

# N n

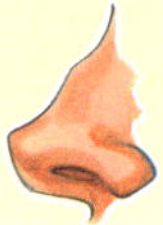

| | | | | | | | | |
|---|---|---|---|---|---|---|---|---|
| N | | | | n | | | | n |

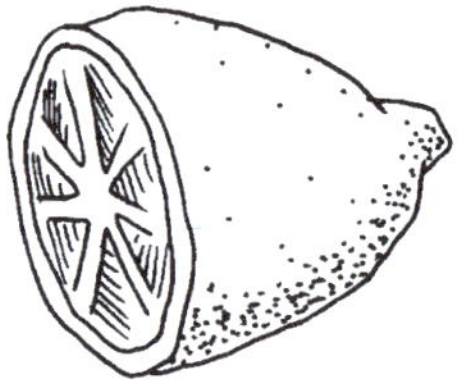

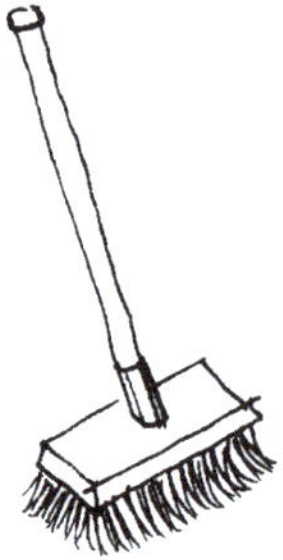

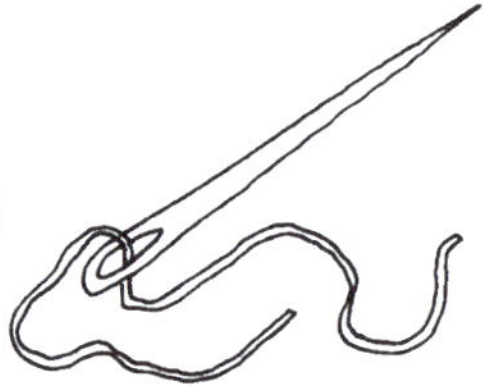

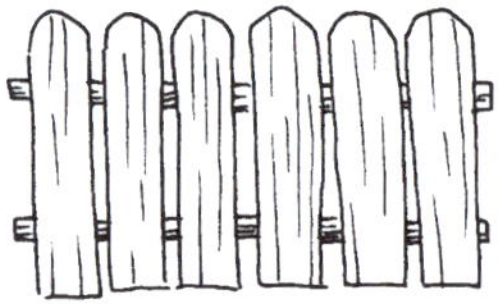

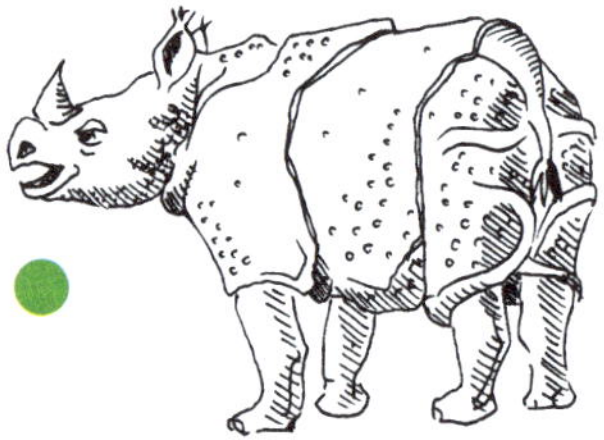

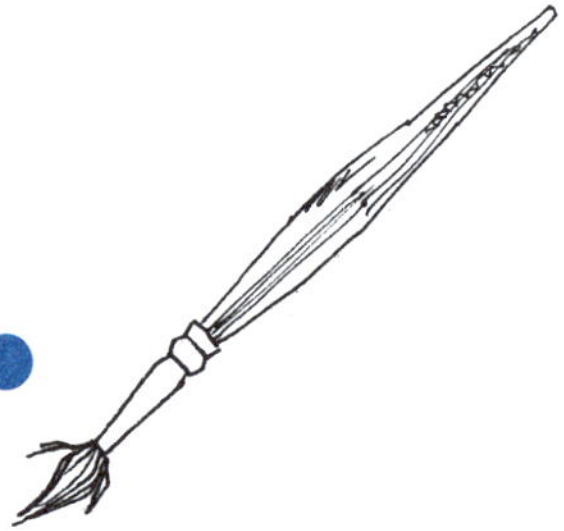

# N n

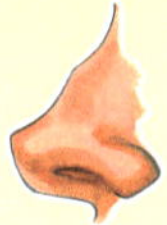

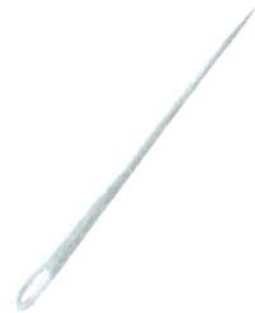

# N n

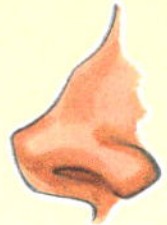

Nette Nachbarn

naschen Nudeln.

Nudeln naschen

nette Nachbarn.

Zähle: N ___ n ___

1
O
1
o

# O o

Oma

Ordner

Foto

# O o

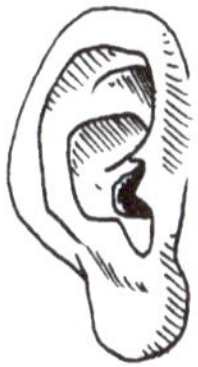

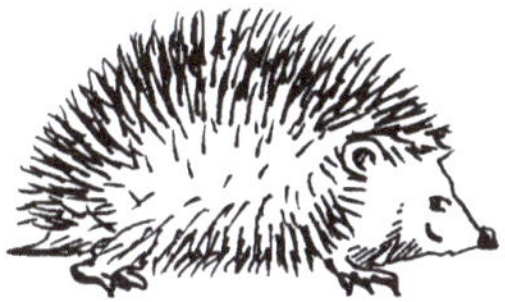

# O o

| | | |
|---|---|---|
| O | | |

| | | |
|---|---|---|
| | o | |

| | | |
|---|---|---|
| | | o |

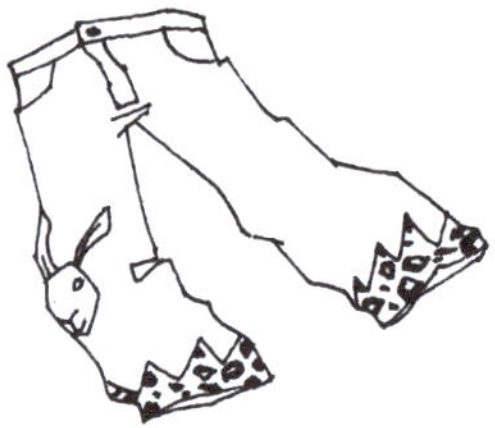

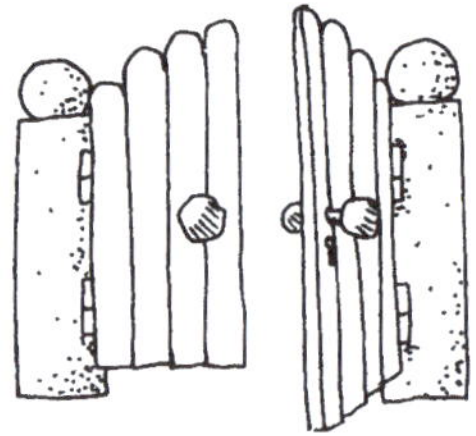

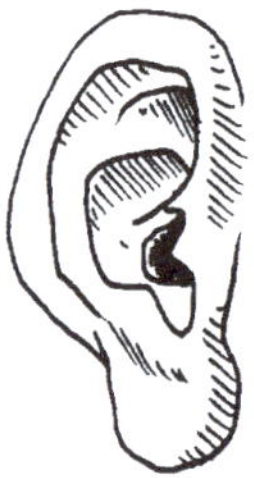

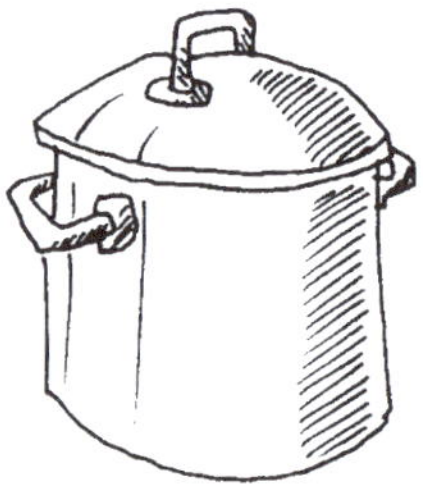

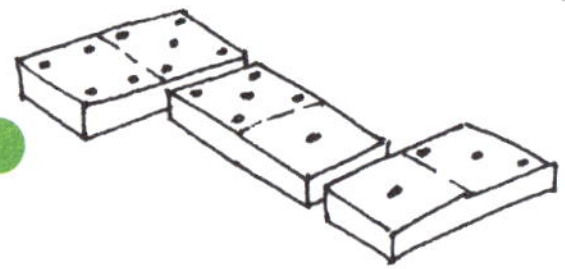

# O o

# O o

Alle Blasen mit O oder o sollen rot werden.

Zähle: O ☐ o ☐

# P p

# P p

Pp

P P P

p p p

P p P p

P p P p

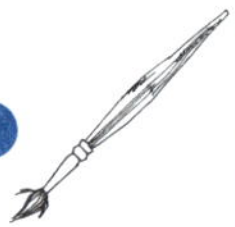

Pinsel

Papa

Puppe

# P p

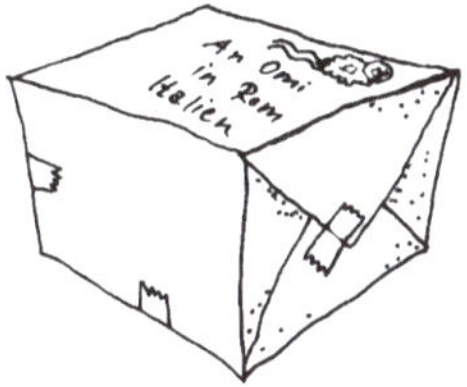


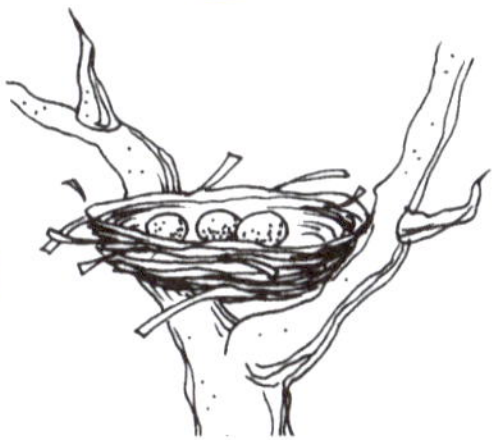

# P p

| P | | | | p | | | | p |
|---|---|---|---|---|---|---|---|---|

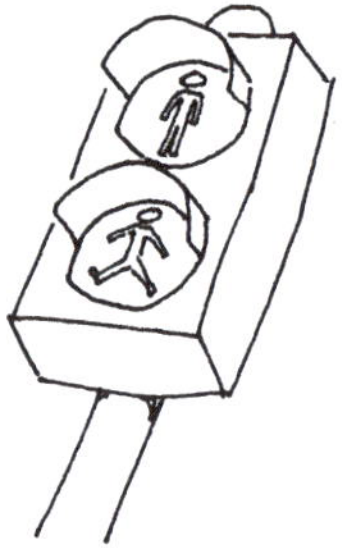

# P p

# P p

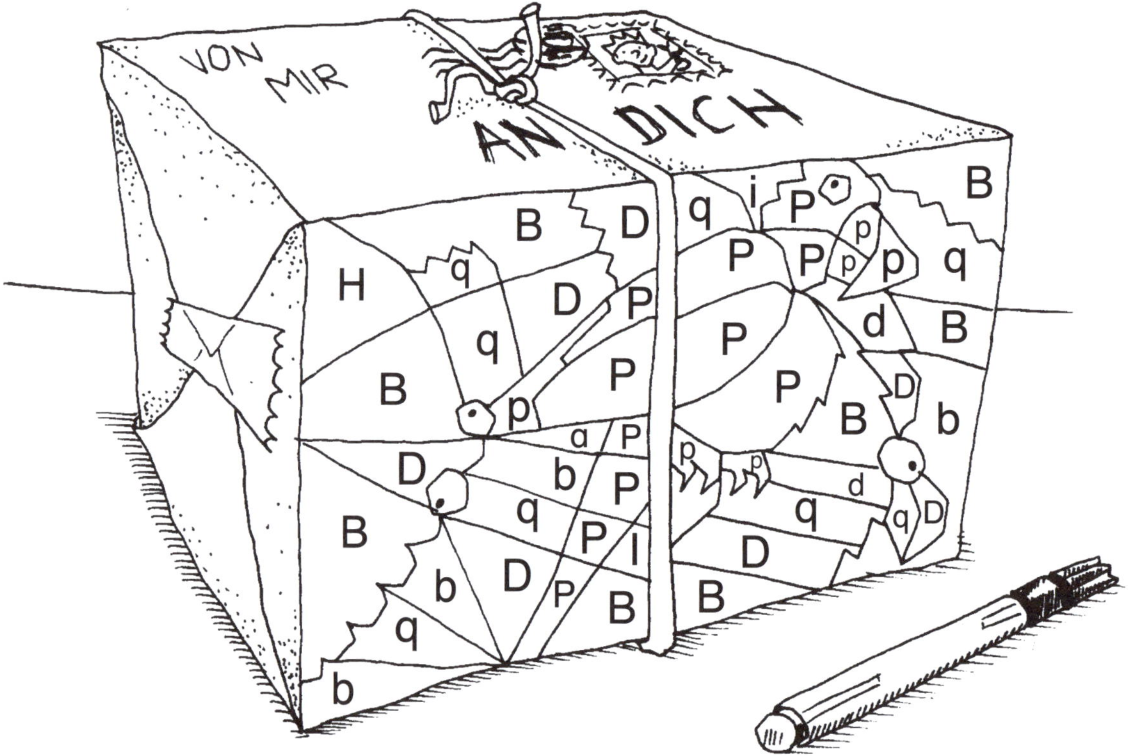


Was ist im Paket?

# Qu qu

# Qu qu

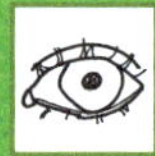 Qu qu

Qu Qu Qu

qu qu qu

Qu qu Qu qu

Qu qu Qu qu

 Quelle

Quark

 quer

# Qu qu

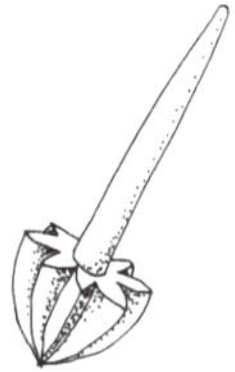

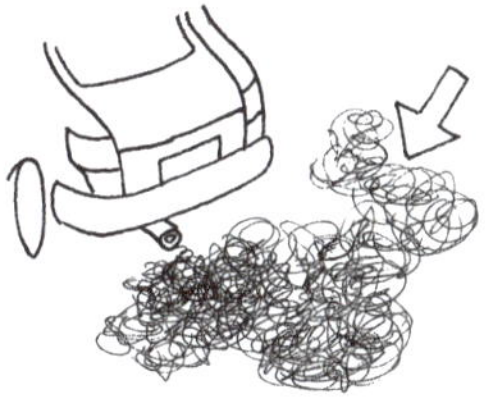

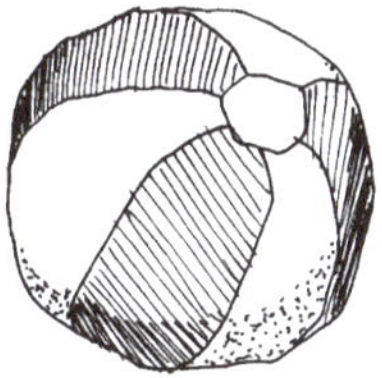

# Qu qu

au au ch Ei au Ei
ei Ei Au ch au Ch Ei au
au Ch ei Au
ei au Ei
Ch ch
Au Ch
ei au
au au
qu Qu Au ei ch
ei Qu Qu qu
qu au qu qu qu
Qu qu Qu qu
qu qu

**So ein Quatsch**

Schweine quietschen.

Frösche quieken.

Türen quaken.

Quallen quatschen.

Zähle: Qu ☐ qu ☐

# R r

# R r

R r

1 2 R R R

1 r r r

R r R r

R r R r

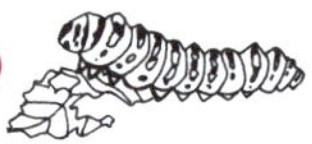 Raupe

 Roller

 rot

# R r

# R r

R r r

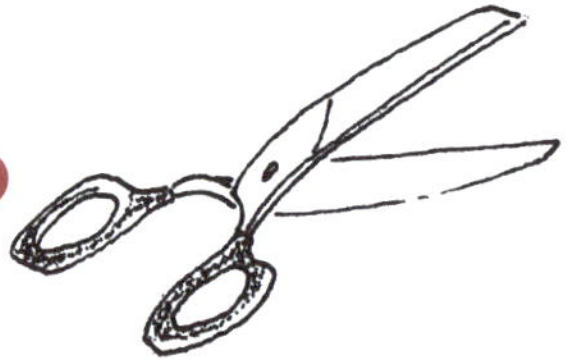

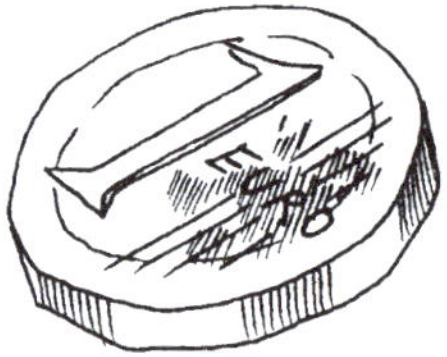

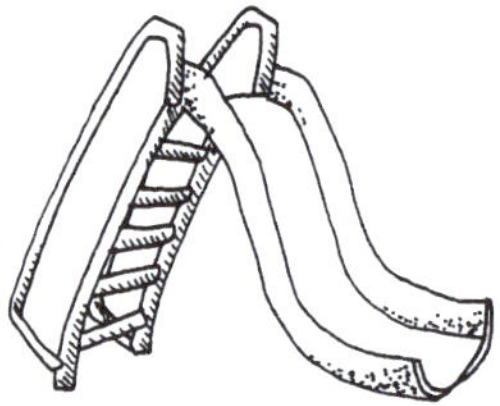

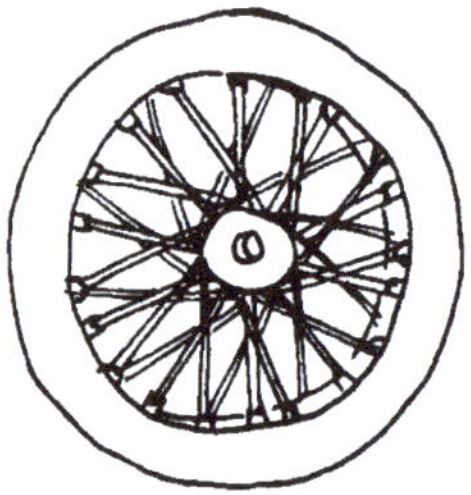

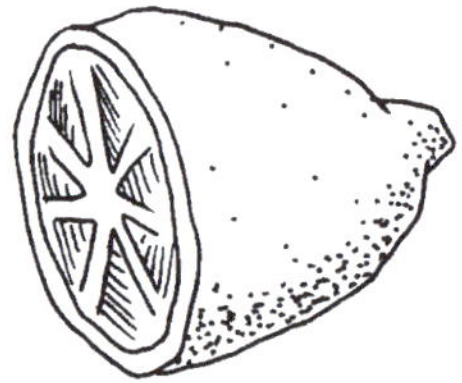

# R r

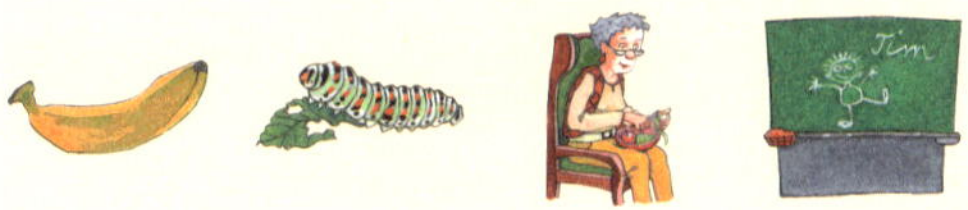

# R r

Reite, Ritter, reite.

Reite zum Turm.

Rate, Ritter, rate.

Wer ist im Turm?

Zähle: R ☐ r ☐

Bus

# S s

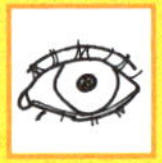

S s

S S S

s s s

S s S s

S s S s

Sonne

Bus

Sessel

# S s

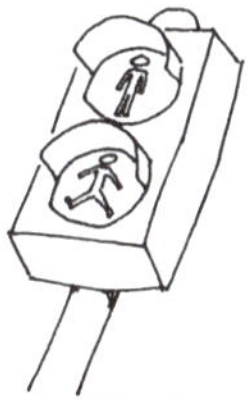

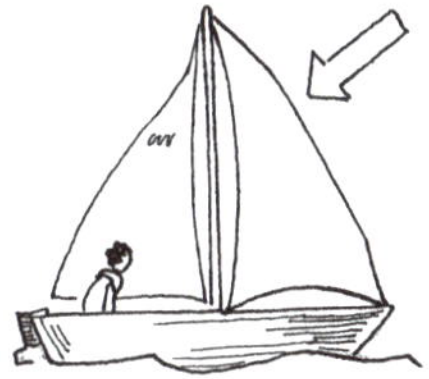

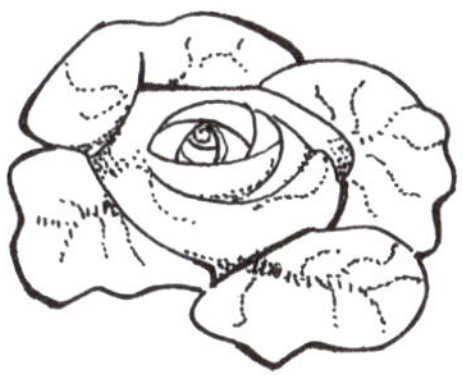

# S s

S | s | s

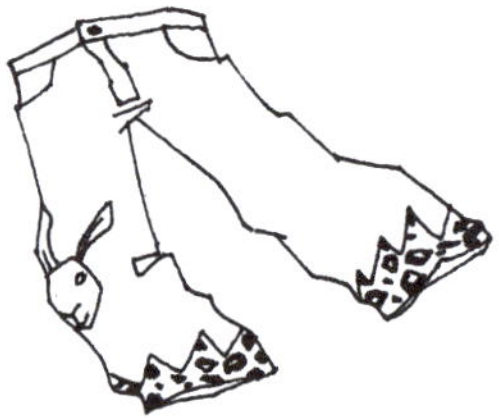

# S s

# S s

Soll ich diese Suppe essen?

Seht, es wurde Salz vergessen!

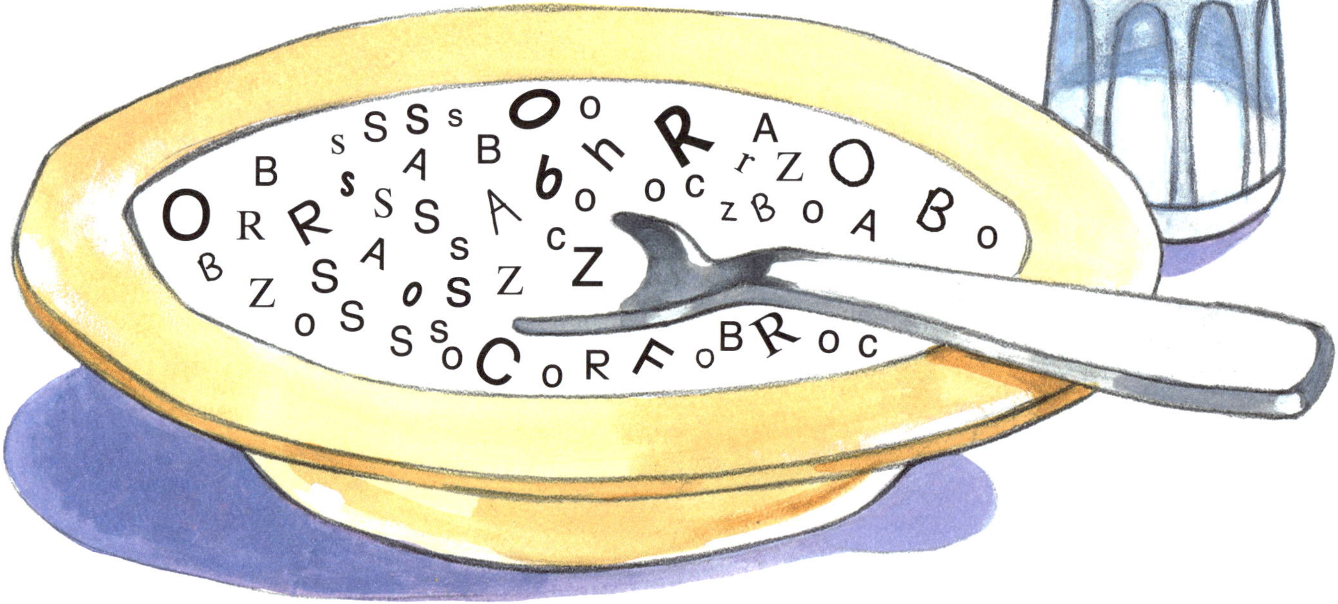

Zähle: S ___ s ___

2
1
1
2

Tim

# T t

T t

T T

t t

T t

T t

Tafel

Tinto

Hut

# T t

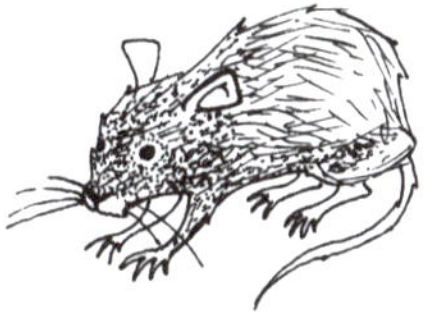

# T t

| | | | | | | | | |
|---|---|---|---|---|---|---|---|---|
| T | | | | t | | | | t |

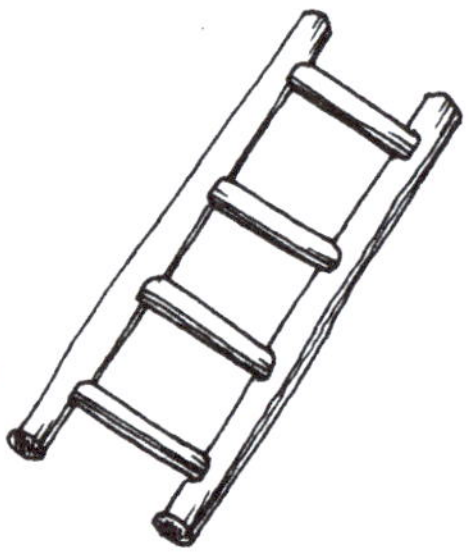

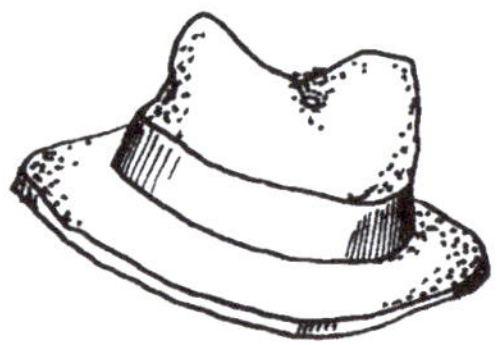

# T t

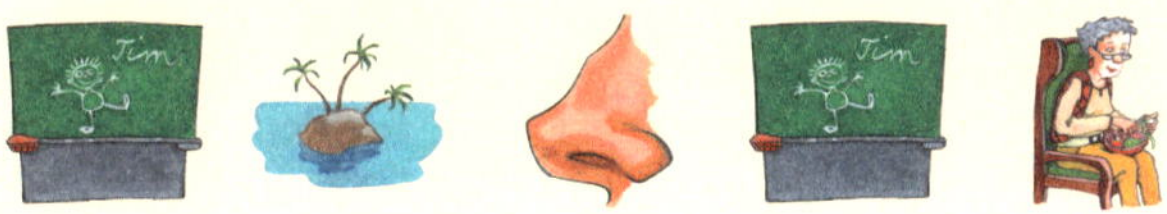

# T t

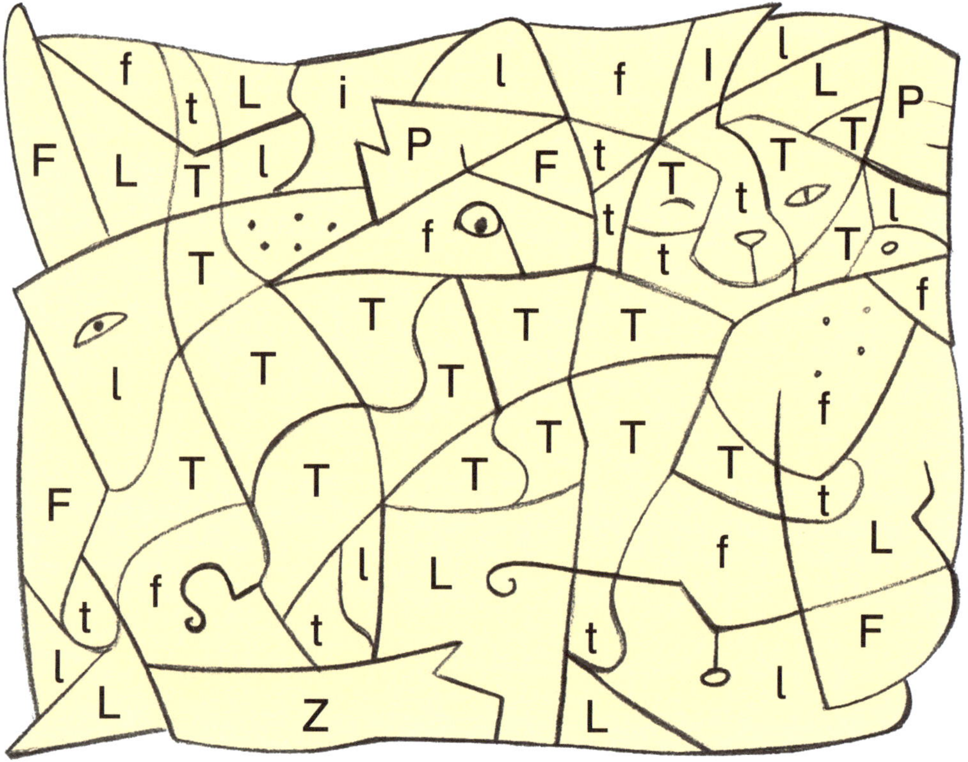

Wen füttert Tim? ____________________

1 U

1 u

# U u

Uu

 Uhr

 Unfall

 Uhu

# U u

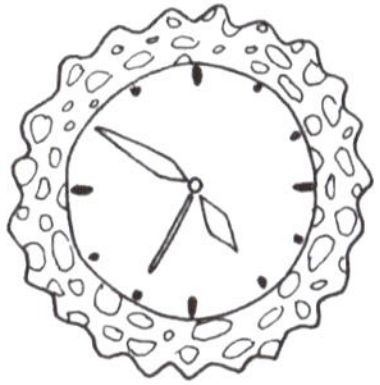

# U u

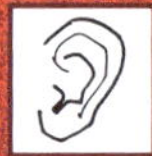

U | u | u

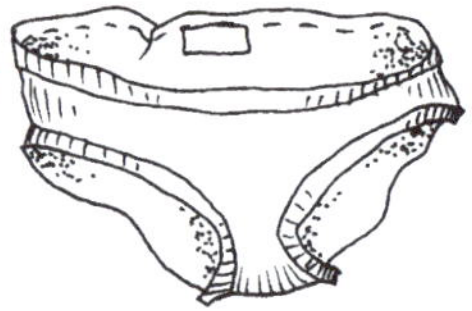

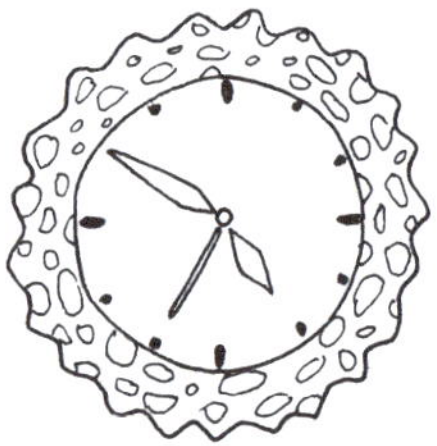

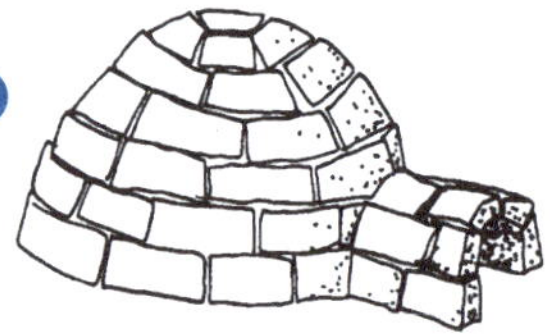

# U u

# U u

In Ulm

und

um Ulm

und

um Ulm

herum.

Zähle: U ☐ u ☐

1
V
1
v

# V v

V v

Vogel

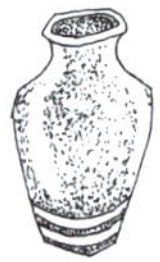

Vase

Kurve

# V v

# V v

Vogel

Advent Vampir

Klavier Vulkan

Vase Vollmond

Vater Kurve

vier Lokomotive

Pullover

Versuch es mal so:

Vogel Vase

Zähle: V ___ v ___

1
W
1
w

Probiere aus:
W w

# W w

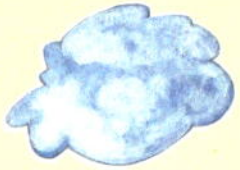

W w

W W W

w w w

W w W w

W w W w

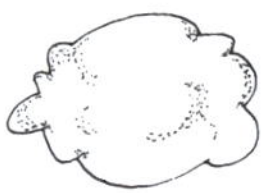

Wolke

Wal

Löwe

# W w

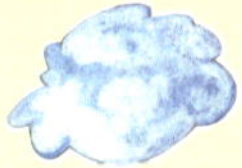

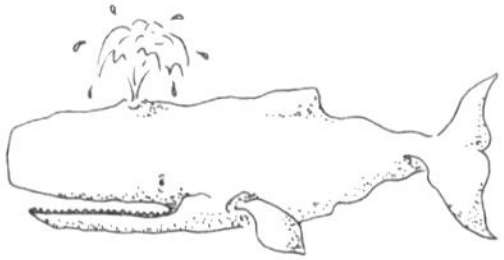

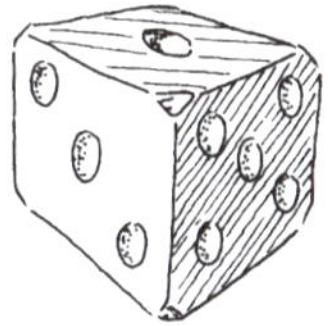

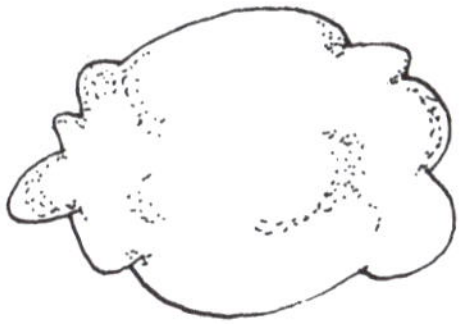

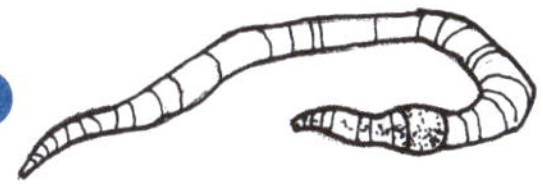

# W w

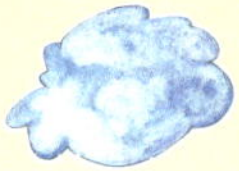

W

w

w

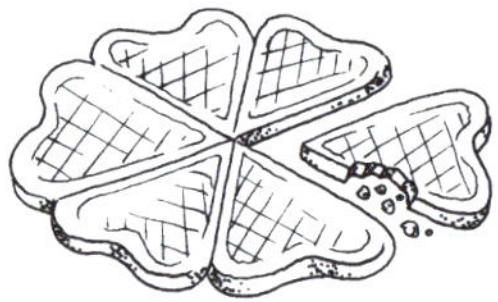

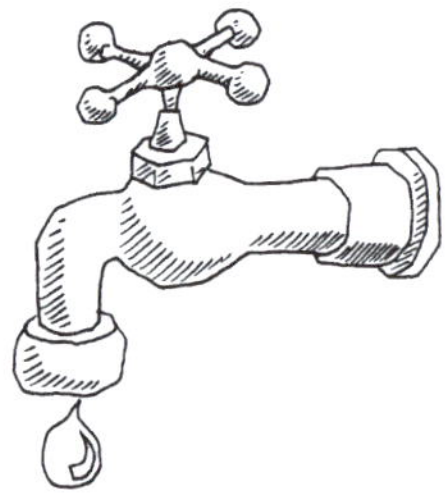

# W w

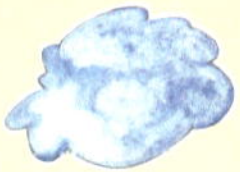

# W w

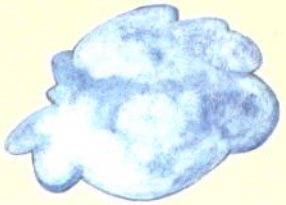

Wir wollen Wäsche waschen,

warmes Wasser haben wir.

Warmes Wasser in der Wanne

wäscht die Wäsche wunderbar.

Zähle: W ___ w ___

2
1
2
1

# X x

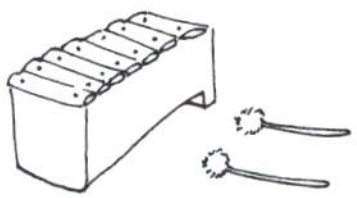

Xylofon

Hexe

Boxer

# X x

| | | | | | | | | |
|---|---|---|---|---|---|---|---|---|
| X | | | | x | | | | x |

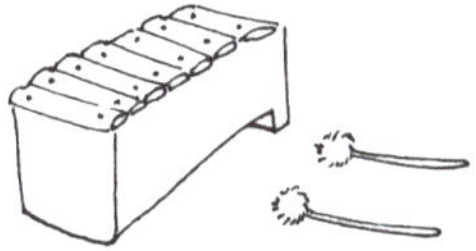

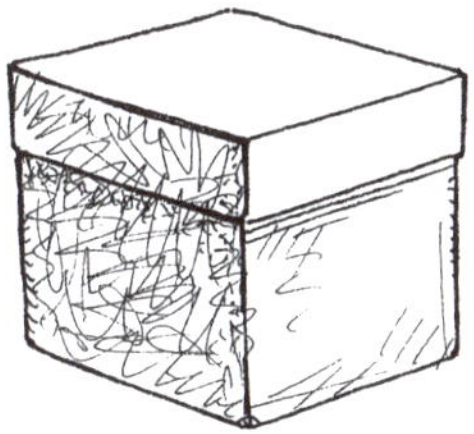

# X x

Die Nixe hat grüne Haare.

Der Boxer hat eine rote Hose an.

Hexe Xenia mixt einen lila Zaubertrunk.

Im Taxi sitzt Tinto.

Das Xylofon ist bunt.

Zähle: X ☐ x ☐

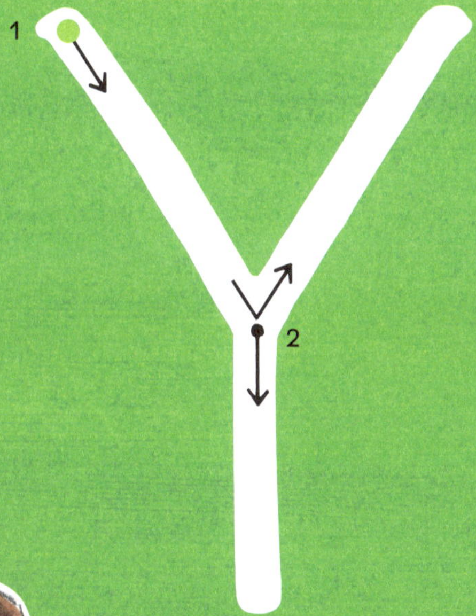

Bab**y**

# Y y

Y y

Yak

Baby

Pyramide

# Y y

Handy

Teddy

Yak

Baby

Xylophon

Yoga

Versuch es mal so:
Y wie i in Teddy ,
y wie ü in Olympia,
y wie J in Yoga

Pony

# Y y

Über der Pyramide scheint die Sonne.

Der Mann hat einen Zylinder auf dem Kopf.

Das Baby hat einen Schnuller im Mund.

Der Teddy ist blau.

Der Yak frisst Salat.

Zähle: Y ☐ y ☐

1
Z
1
z

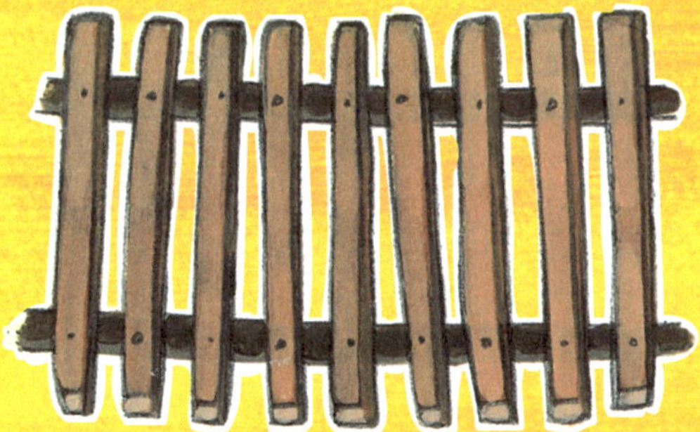

# Z z

1 Z Z Z

1 z z z

Z z Z z

Z z Z z

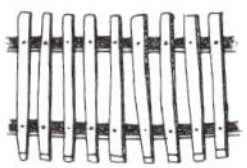 Zaun

 Zebra

 Herz

# Z z

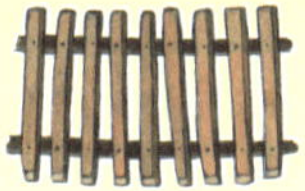

# Z z

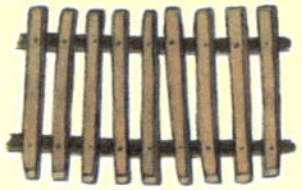

Z

z

z

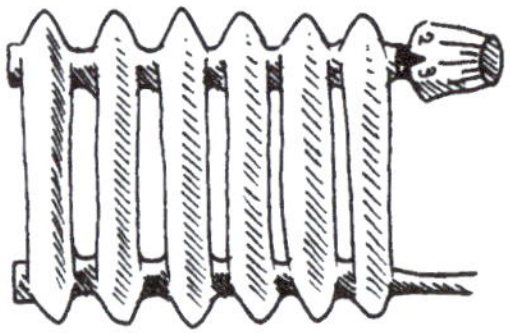

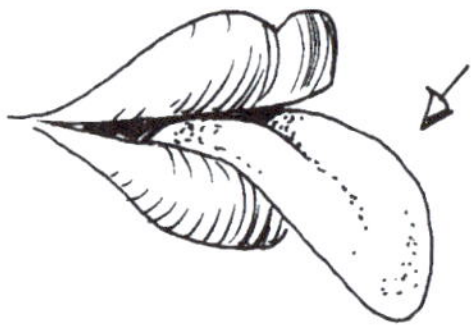

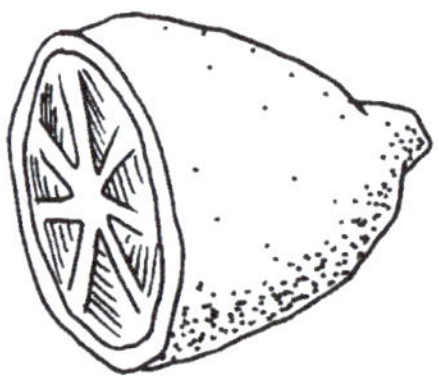

# Z z

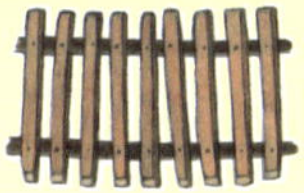

# Z z

Die Zebras im Zoo

sind satt und auch froh.

Und zehn zahmen Ziegen

geht das ebenso.

Zähle: Z z

# Ä ä

# Ä ä

Ä Ä Ä

ä ä ä

Ä ä Ä ä

Ä ä Ä ä

 Ähre

 Mädchen

 Käse

# Ä ä

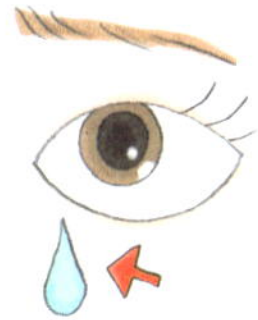

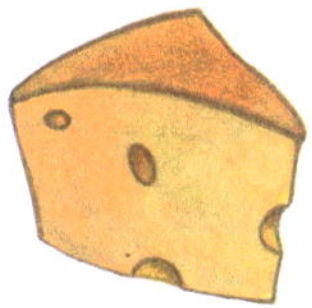

# Ä ä

*Finnisch:
Guten Tag!
Haben Sie Birneneis?

Zähle: Ä ☐ ä ☐

Ö ö

# Ö ö

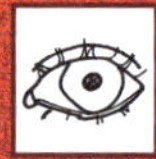

Ö ö

Öl

Öffner

Flöte

# Ö ö

| | | |
|---|---|---|
| Ö | | |

| | | |
|---|---|---|
| | ö | |

| | | |
|---|---|---|
| | | ö |

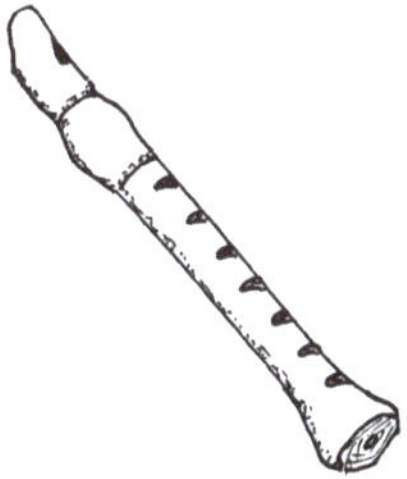

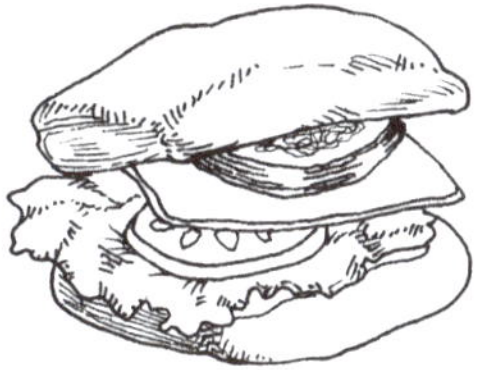

# Ö ö

Eine böse Fee

verzauberte Dornröschen.

Dornröschen musste

100 Jahre schlafen.

Ein schöner Prinz

küsste sie wach.

Zähle: Ö ☐ ö ☐

2 3

1 Ü

2 3

1 ü

# Ü ü

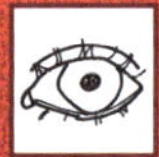

Ü ü

Ü Ü Ü

ü ü ü

Ü ü Ü ü

Ü ü Ü ü

 Überraschungsei

 Tüte

 Tür

# Ü ü

Ü | ü | ü

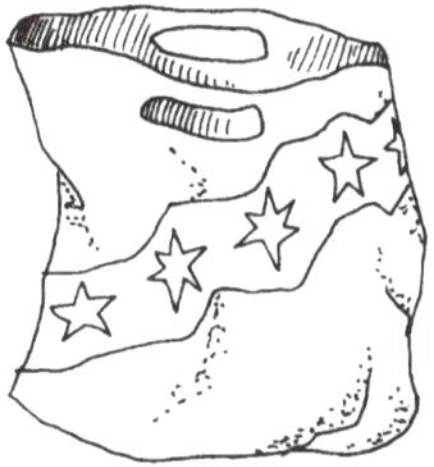

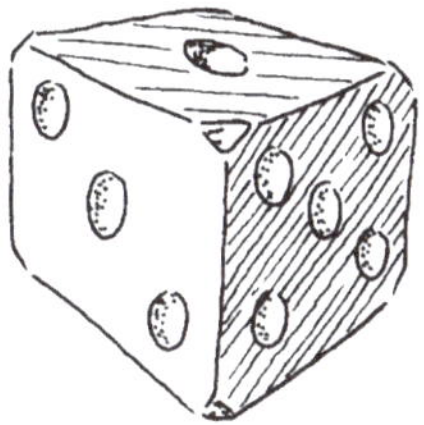

# Ü ü

Üfürükçü üfürerek

üçtekerli arabamızı

uçurdu.*

*Türkisch:
Der Zauberer lässt
den Dreiradwagen
durch Pusten fliegen.

Zähle: Ü ☐ ü ☐

# Au au

# Au au 

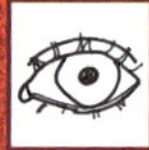 Au au | Au au

Au Au . Au

au au . au

Au au . Au au

Au au . Au au

 Auto

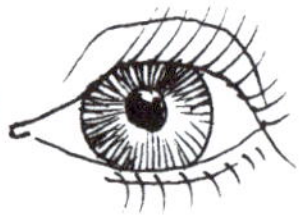 Auge

 Frau

# Au au

| | | | | | | | | |
|---|---|---|---|---|---|---|---|---|
| Au | | | | au | | | | au |

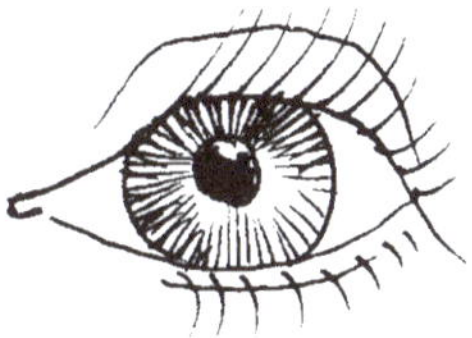

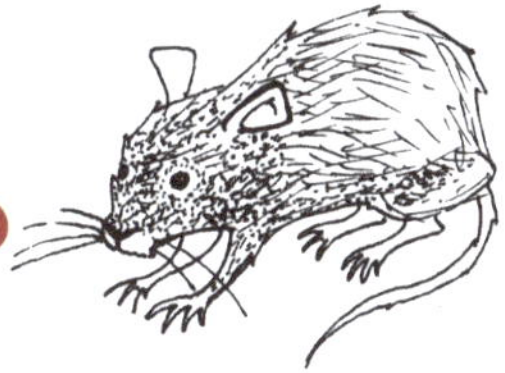

# Au au

Male im Rauch nur Au und au blau aus.

# Ei ei

# Ei ei

Ei ei

Ei ei

Ei Ei Ei

ei ei ei

Ei ei Ei ei

Ei ei Ei ei

 Eis

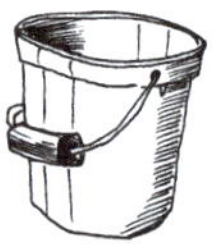 Eimer

 Ameise

# Ei ei

| | | | | | | | | |
|---|---|---|---|---|---|---|---|---|
| Ei | | | | ei | | | | ei |

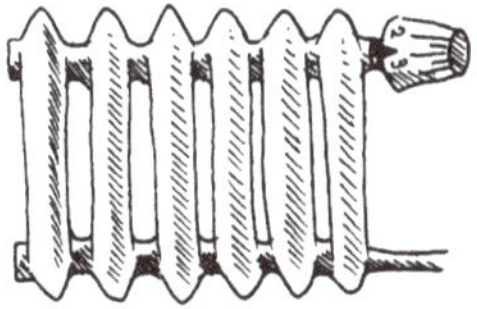

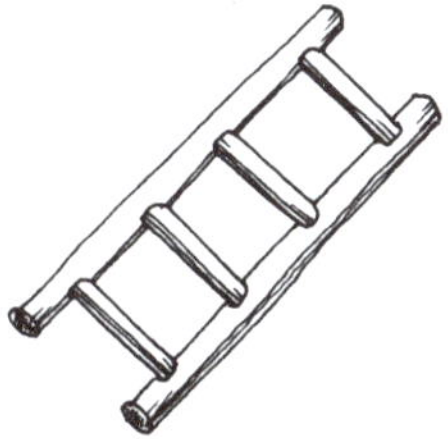

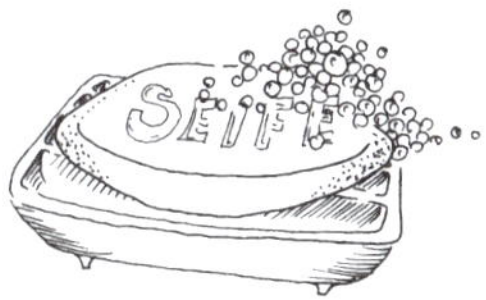

# Ei ei

Sei leise!

Ein kleines Entlein schlüpft

aus dem Ei.

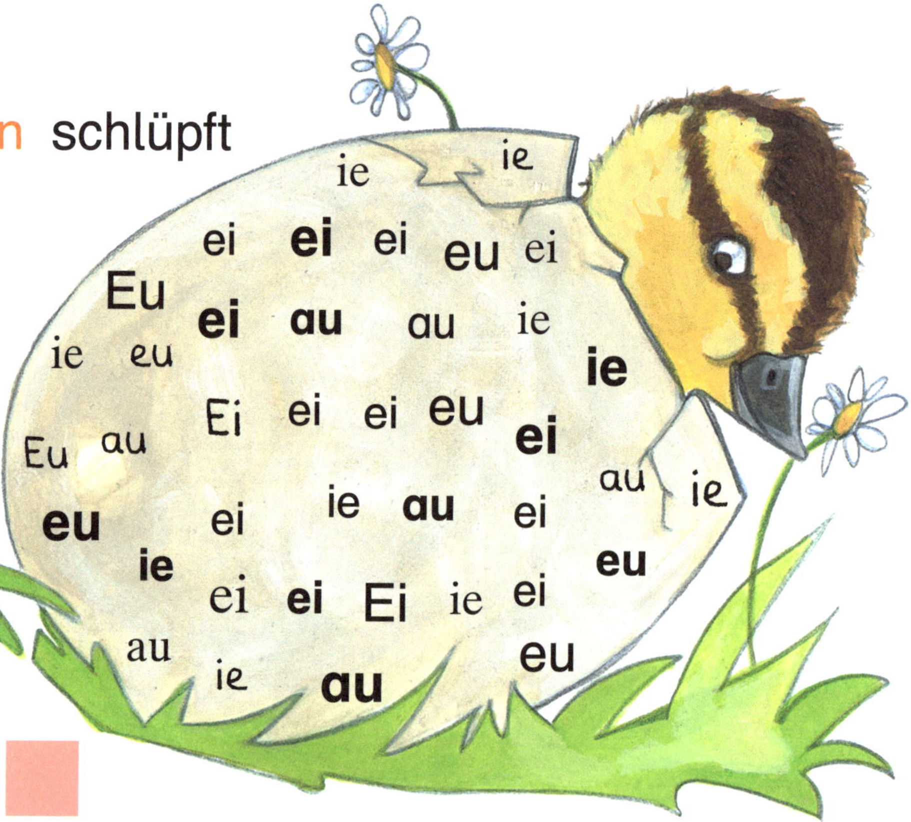

Zähle: Ei ☐ ei ☐

# Eu eu

# Eu eu

Eu eu

Eu eu

Eu Eu Eu

eu eu eu

Eu eu Eu eu

Eu eu Eu eu

 Euro

 Eule

 Feuer

# Eu eu

| Eu | | |
| --- | --- | --- |

| | eu | |
| --- | --- | --- |

| | | eu |
| --- | --- | --- |

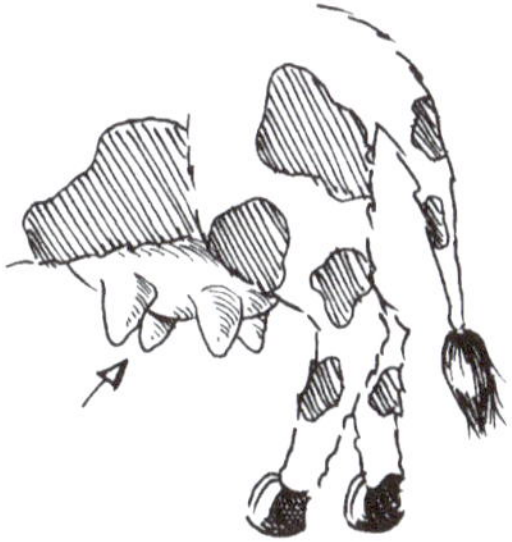

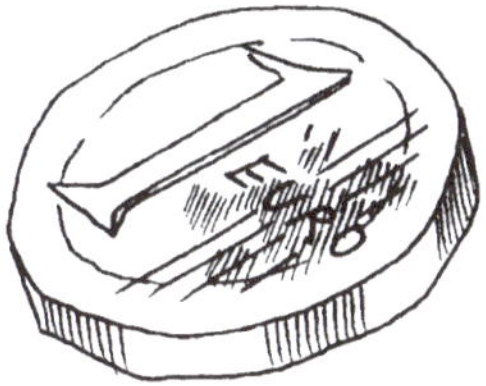

# Eu eu

Hallo Leute!

Ich heiße Eusebia. Ich bin neun Jahre alt und komme aus Deutschland.

Ich suche Freunde aus ganz Europa.

Wer schreibt mir? Über Briefe von euch freue ich mich schon heute!

Eure Eusebia

Zähle: Eu ☐ eu ☐

# Sch sch

# Sch sch

Sch sch

Sch Sch Sch

sch sch sch

Sch sch Sch sch

Sch sch Sch sch

 Schere

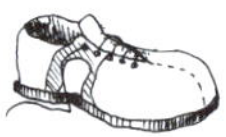 Schuh

 Frosch

# Sch sch

# Sch sch

Sch | sch | sch

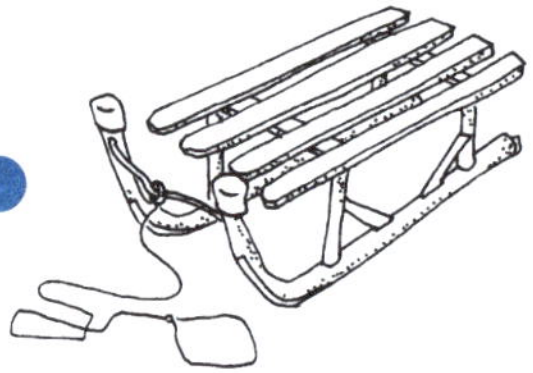

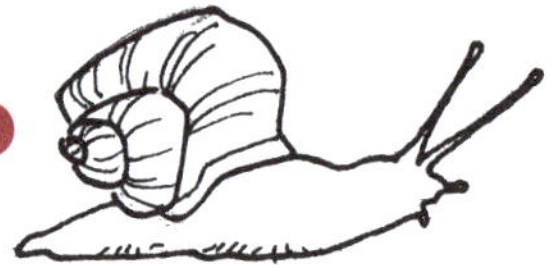

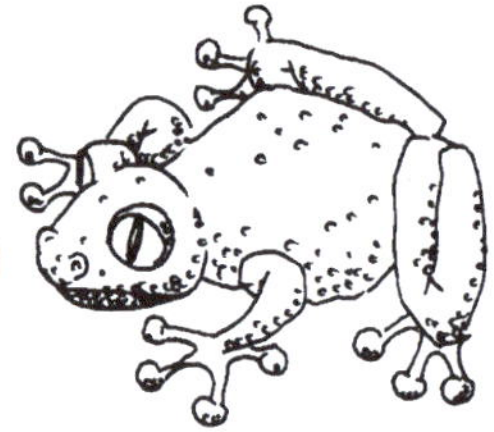

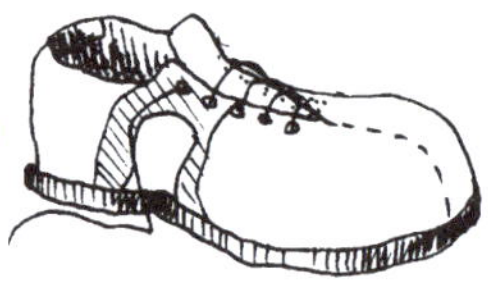

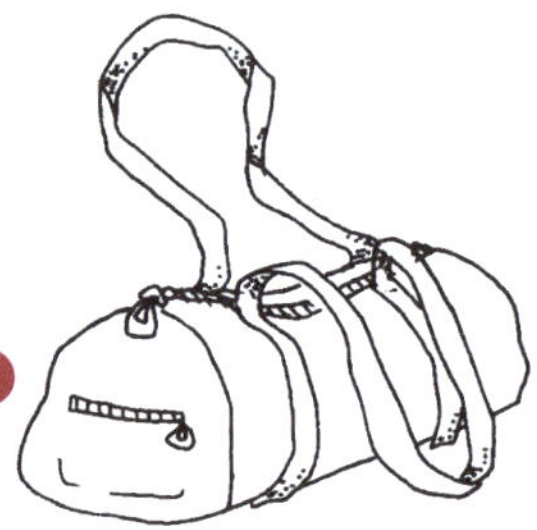

# Sch sch 

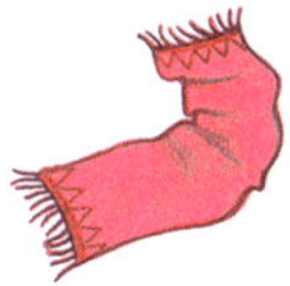

# Sch sch

Zähle: Sch ▢ sch ▢

# Ch ch

**ch**inesisch

Bu**ch**

# Ch ch

Ch ch | Ch ch

Ch Ch Ch

ch ch ch

Ch ch Ch ch

Ch ch Ch ch

福 chinesisch

Buch

Milch

# Ch ch

Buch

Milch

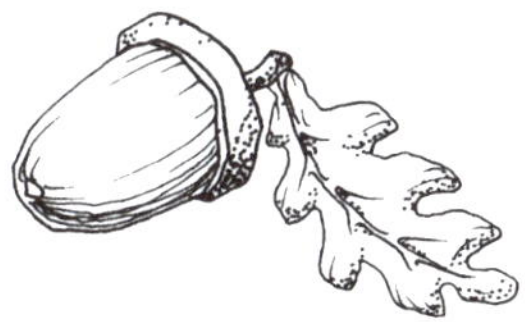

# Ch ch

| Ch | | | | ch | | | | ch |
|---|---|---|---|---|---|---|---|---|

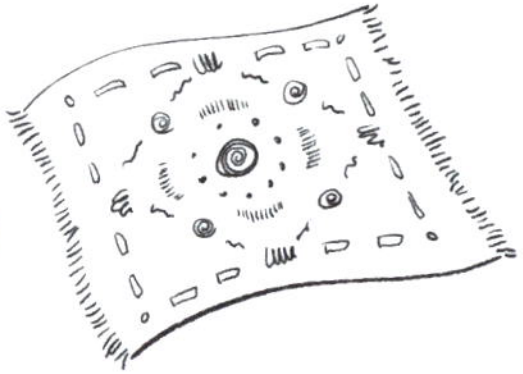

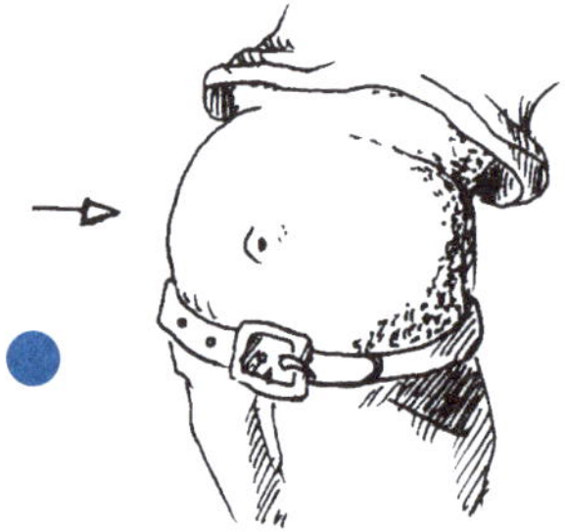

# Ch ch

# ch

Ch ch

Mitten in der Nacht,

bin ich aufgewacht.

Ich fürchte mich sehr:

Ist da wer?

Ich mache Licht

und schau in den Raum.

Ach – nur ein Traum.

Zähle: Ch ☐ ch ☐

# Pf pf

# Pf pf

Pf pf

Pf pf Pf pf

Pferd Pferd

Pfeil Pfeil

kämpfen kämpfen

pfeifen pfeifen

stumpf stumpf

# Pf pf

| | | |
|---|---|---|
| Pf | | |
| | pf | |
| | | pf |

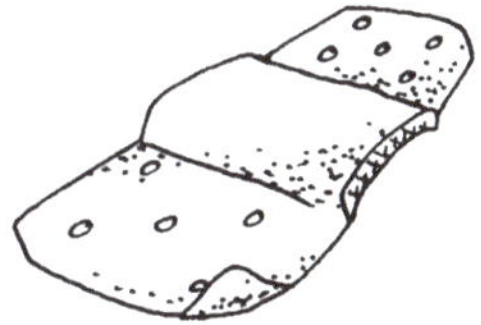

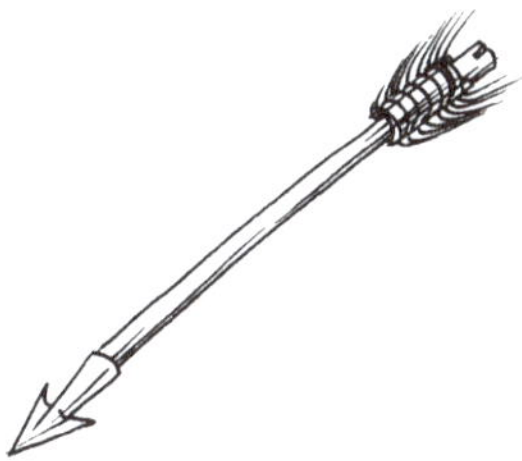

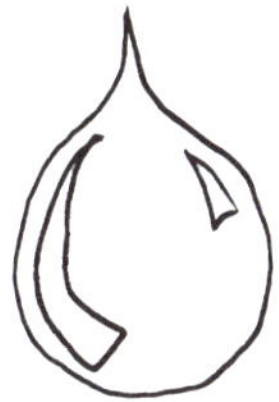

# Pf pf

Pf pf

Male:

an die Hose einen Knopf,

an den Kopf einen Zopf,

in die Hand einen Topf,

und einen Apfel auf den Kopf.

Au ch Ei Pf Pf Au Pf Pf ei Au

ch ei au ei pf Au Pf ch pf pf pf pf ch ei Ei au

au Qu ch pf pf Pf ei Pf ch Au au

ei au Ei ei pf Qu Ei Ei pf Qu Ei Qu

qu Au Ei Qu Pf au ei pf ei au

Zähle: Pf ☐ pf ☐

Sp sp

# Sp sp

Sp sp

Sp sp Sp sp

Spinne Spinne

Sport Sport

sparen sparen

spielen spielen

spitz spitz

# Sp sp 

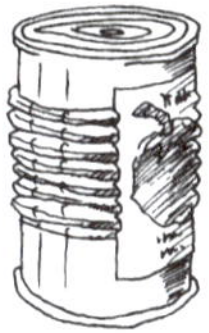

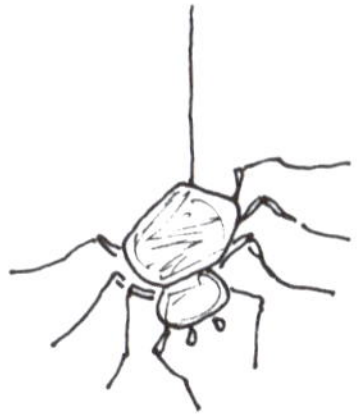

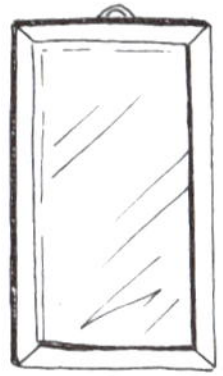

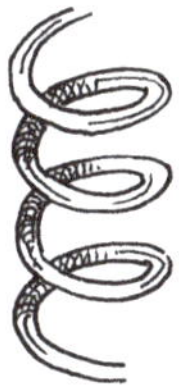

# Sp sp

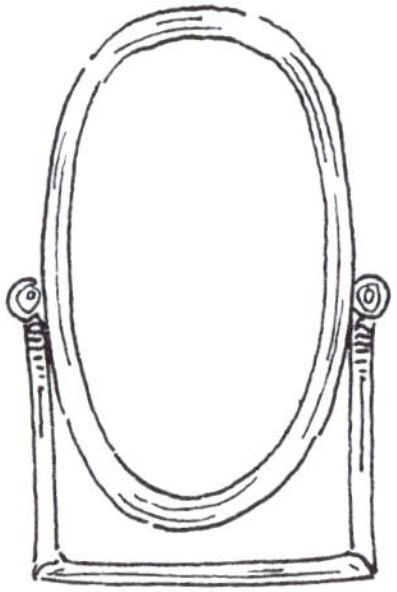

Das Sparschwein ist blau.

An dem Faden hängt eine Spinne.

Tim liest ein spannendes Gespenster-Buch.

Die Sportlerin springt weit in den Sand.

Im Spiegel bist du.

Zähle: Sp ☐ sp ☐

# St st

# St st

St st

St st St st

Stern Stern

Stuhl Stuhl

streiten streiten

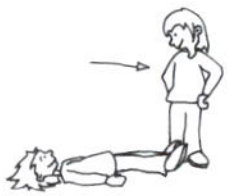

stehen stehen

stark stark

# St st

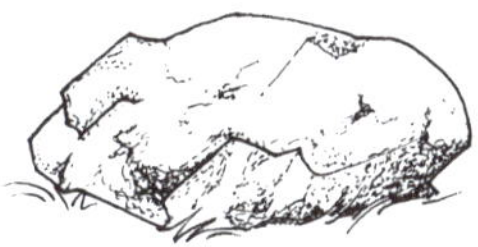

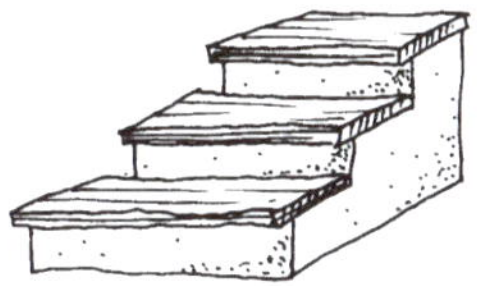

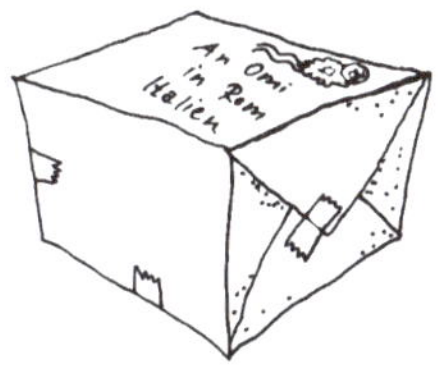

# St st

Der Storch steht im Wasser.

Lena stolpert über einen Stein.

Neben dem Mond strahlt ein gelber Stern.

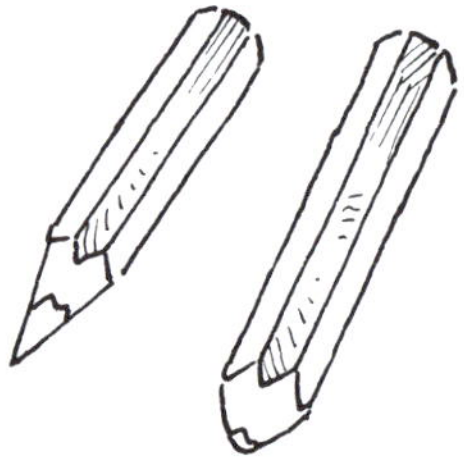

Der stumpfe Bleistift ist rot.

Der Strumpf hat grüne Streifen.

Zähle: St ___ st ___

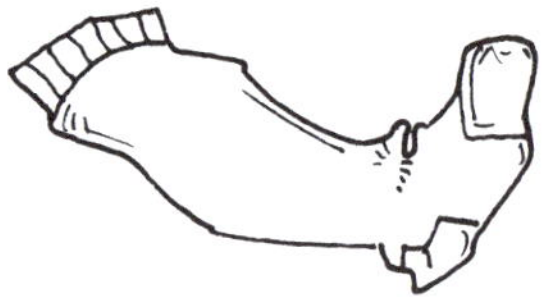

**Ring**

# ng

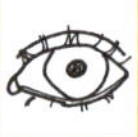

ng

ng ng

Ring Ring

Zunge Zunge

singen singen

angeln angeln

fangen fangen

# ng

| | | | | | | |
|---|---|---|---|---|---|---|
| | ng | | | | | ng |

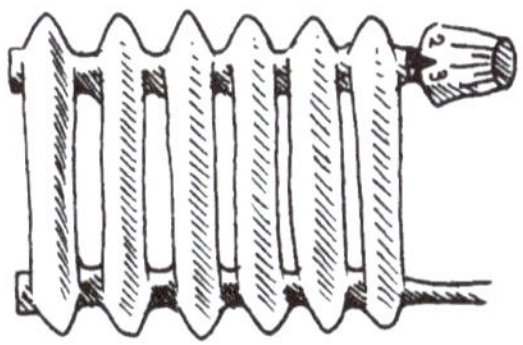

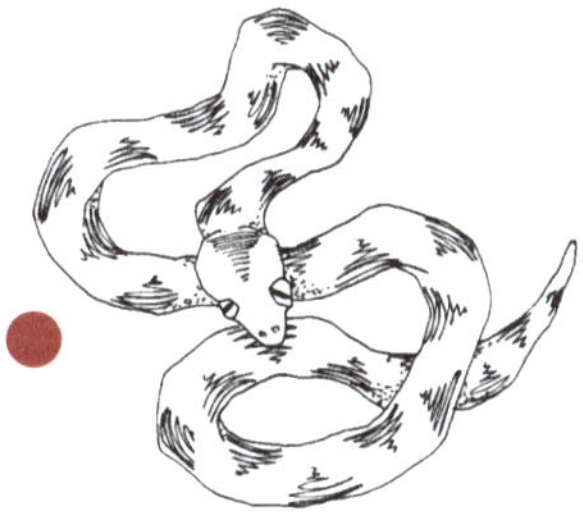

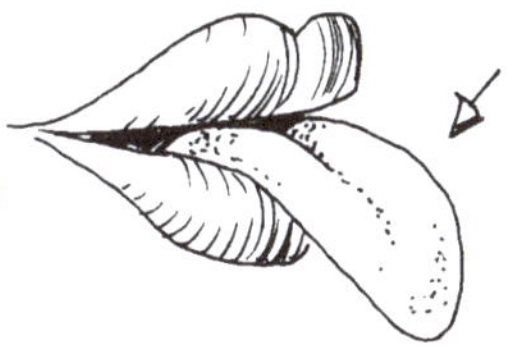

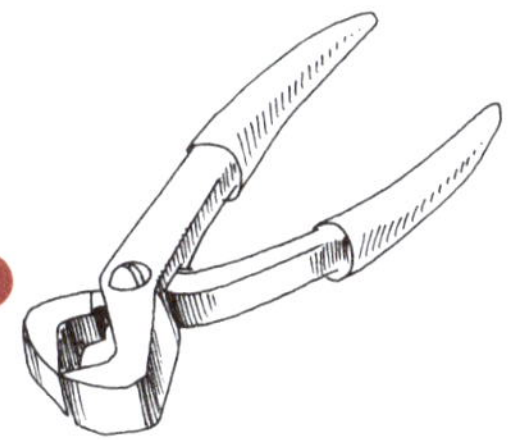

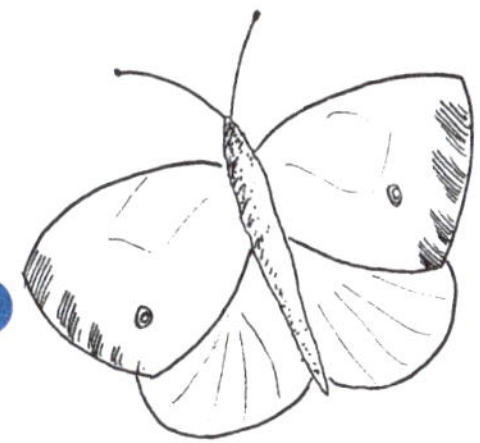

# ng

Eine lange Schlange kringelt sich
um eine Stange.

Am Finger ist ein Ring.

Ein Junge fängt einen Schmetterling.

Ein Postbote klingelt
und bringt eine Zeitung.

Zähle: ng

# nk

Bank

# nk

nk

nk nk

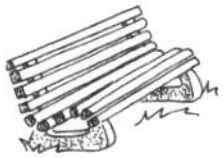

Bank Bank

Schrank Schrank

trinken trinken

denken denken

krank krank

# nk

| | nk | |
|---|---|---|

| | | nk |
|---|---|---|

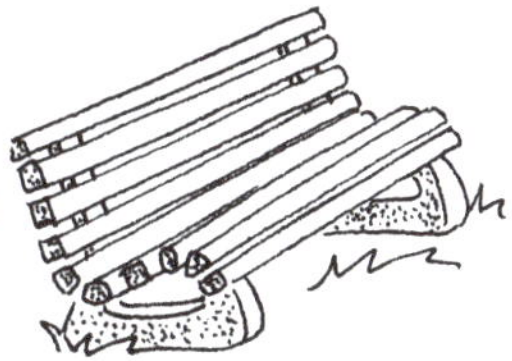

# nk

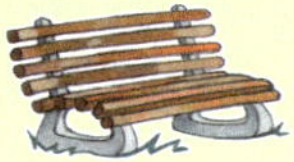

Wenn helle Sterne dunkel blinken,
wenn Läufer über Hürden hinken,
wenn Elefanten Busse lenken
und Denker klugen Unsinn denken,

dann reimt sich das wie ein Gedicht,
doch einen Sinn ergibt es nicht.

Zähle: nk

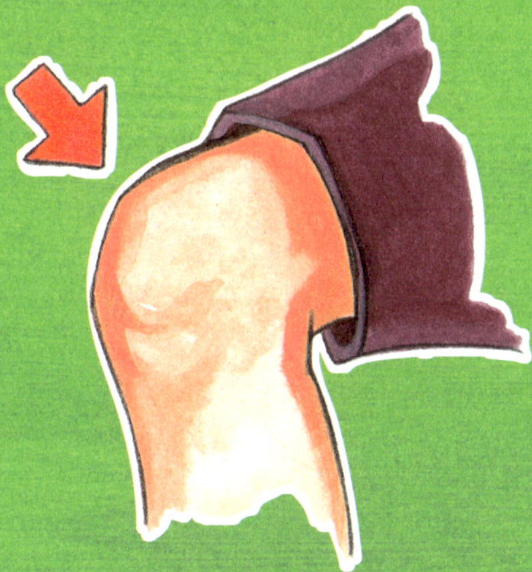

Knie

# ie

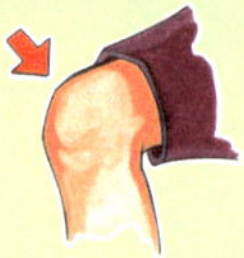

ie ie

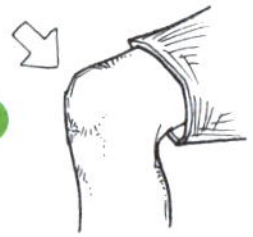

Knie Knie

Riese Riese

frieren frieren

fliegen fliegen

lieb lieb

# ie

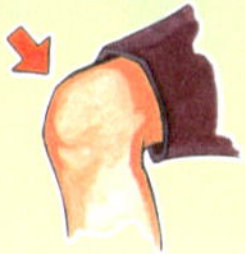

| | | |
|---|---|---|
| | ie | |

| | | |
|---|---|---|
| | | ie |

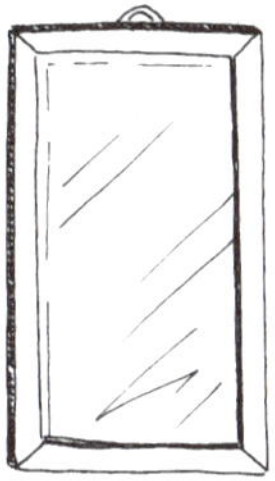

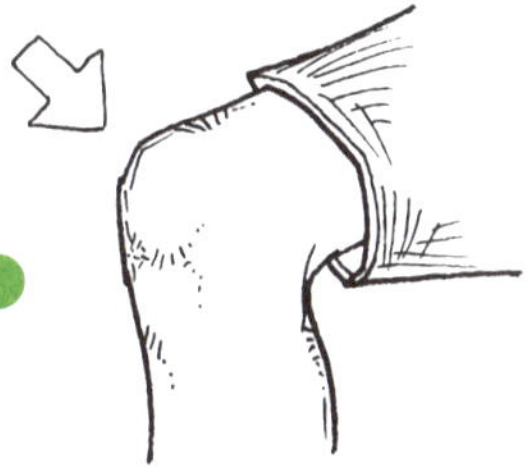

# ie

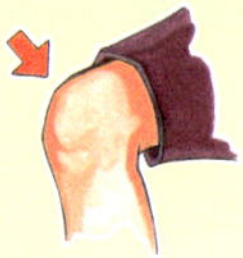

Einst stach die Biene einen Riesen.

Sie dachte: „Ich besiege diesen."

Doch der Riese fiel nicht um.

Das war für die Biene dumm.

Sie stach den Riesen nie mehr wieder,

denn sie fiel tot zur Erde nieder.

Zähle: ie

Sa**ck**

# ck

ck ck

Sack Sack

Zucker Zucker

lecken lecken

backen backen

hocken hocken

# ck

| | ck | |
|---|---|---|

| | | ck |
|---|---|---|

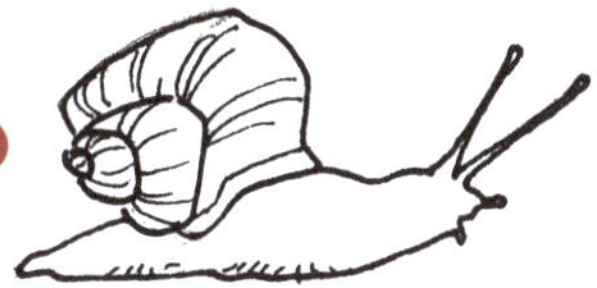

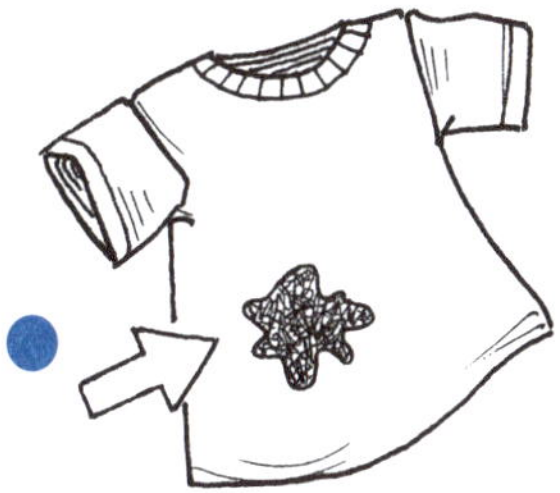

# ck

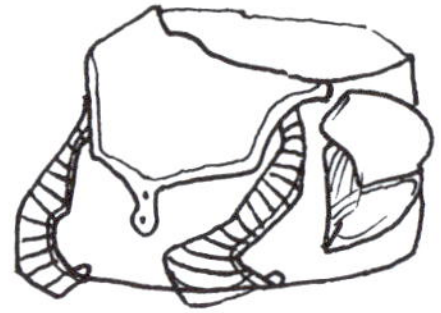

Im Rucksack steckt ein Stock.

Der Dackel schleckt an einem Stück Torte.

Der Bäcker hat acht Zuckerschnecken gebacken.

Lena hat gekleckert,
nun hat der Rock einen Fleck.

Zähle: ck

**Fuß**

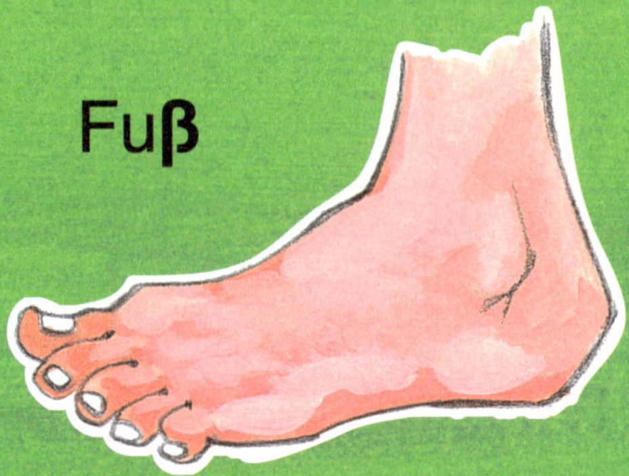

# ß

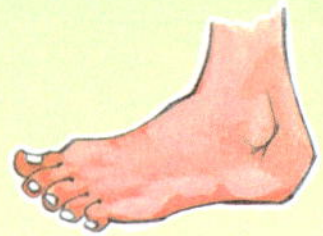

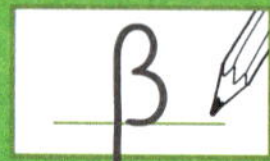


ß ß

Fuß Fuß

Straße Straße

gießen gießen

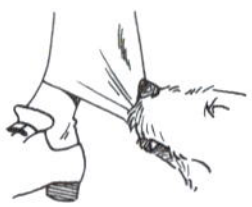

beißen beißen

süß süß

β

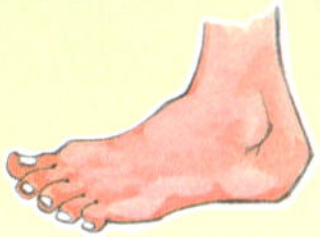

| | β | |
|---|---|---|

| | | β |
|---|---|---|

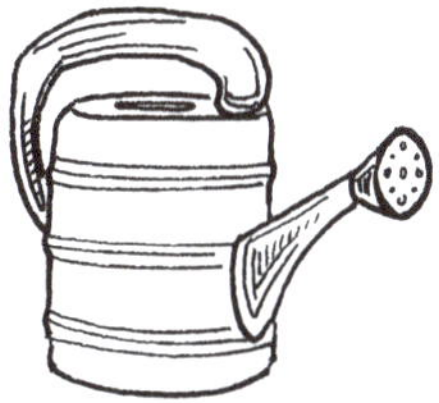

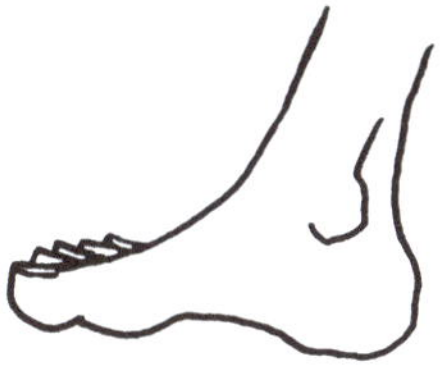

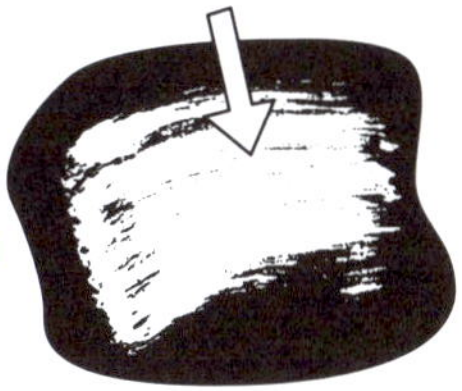

ß 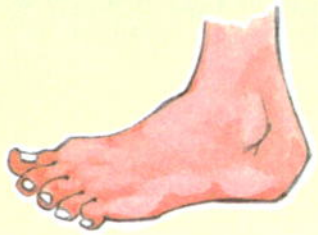

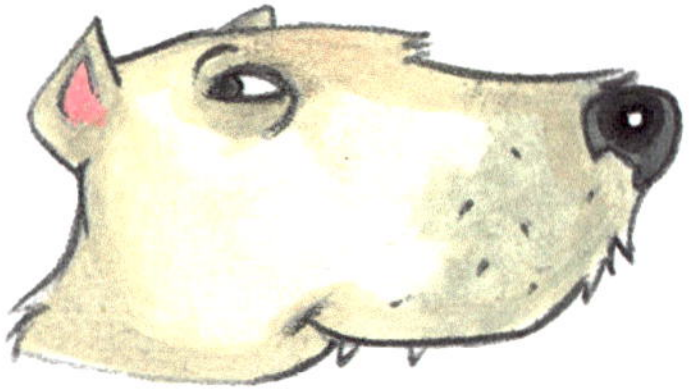

## Weißt du das?

| | ja | nein |
|---|---|---|
| Ist es im Winter heiß? | ○ | ○ |
| Gibt es am Fuß manchmal Schweiß? | ○ | ○ |
| Ist Ruß von einer Kerze weiß? | ○ | ○ |
| Können große Hunde beißen? | ○ | ○ |
| Kann ein Maßband reißen? | ○ | ○ |
| Magst du Süßigkeiten? | ○ | ○ |

Zähle: ß

ei ei

ei ei

ei ei

nein

leise

ein Bein

eine Reise

eu eu

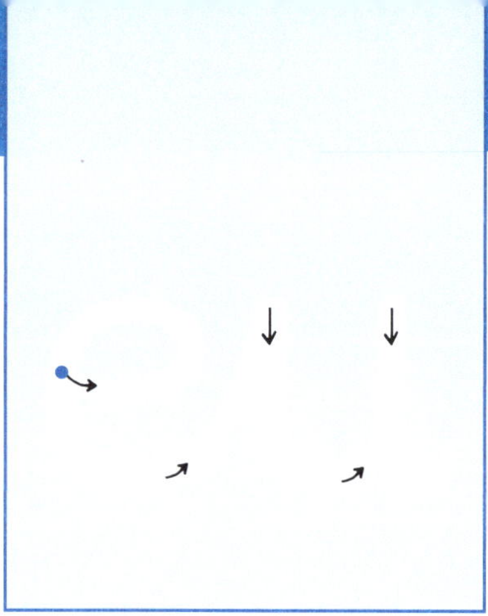

eu eu

eu eu

neu

heute

teuer

neun Beutel

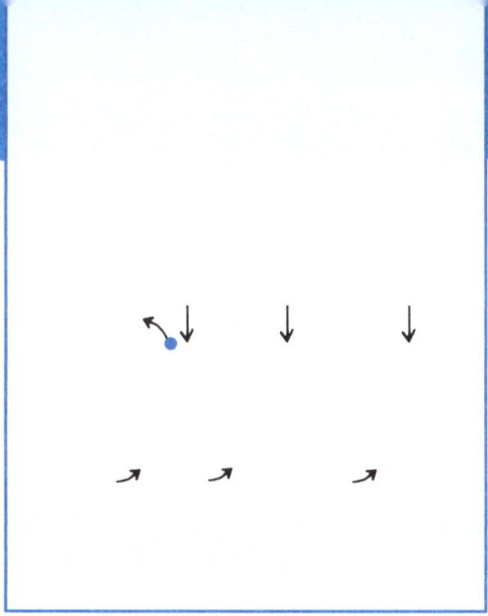

au au

au au

au au

au au

aus

laut

blau

graue Maus

ie ie

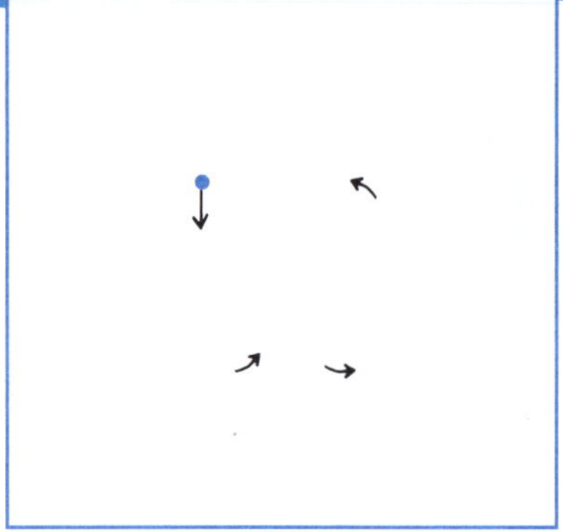

ie ie

ie ie

nie

tief

die Biene

viele Tiere

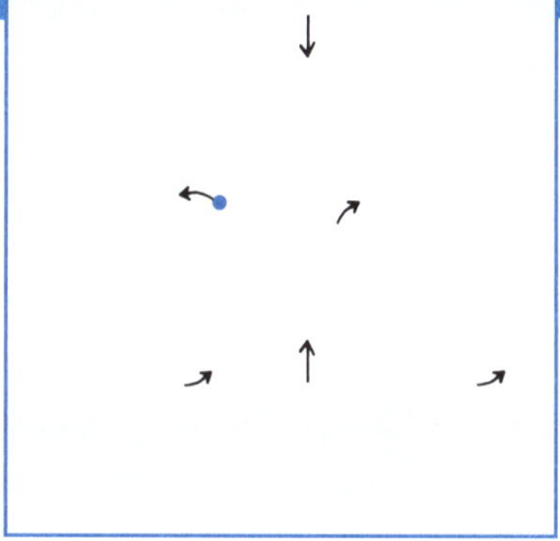

ch ch

ch ch

euch

Buch

ich lache

acht Wochen

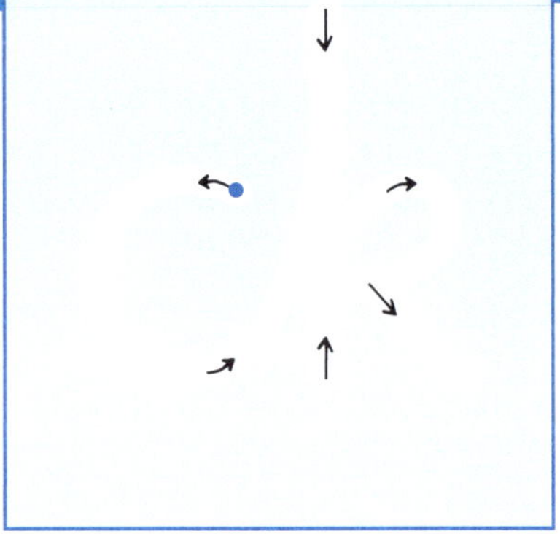

ck ck

ck ck

lecker

Rock

Rucksack

dicke Backen

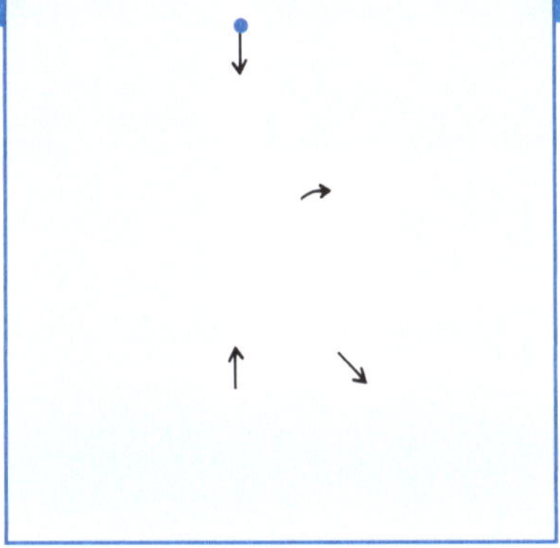

k k

k k

kalt

kein

Paket

kleine Wolken

le te

le te

le te le te

le te le te

Ente

Leute

holen

leise lesen

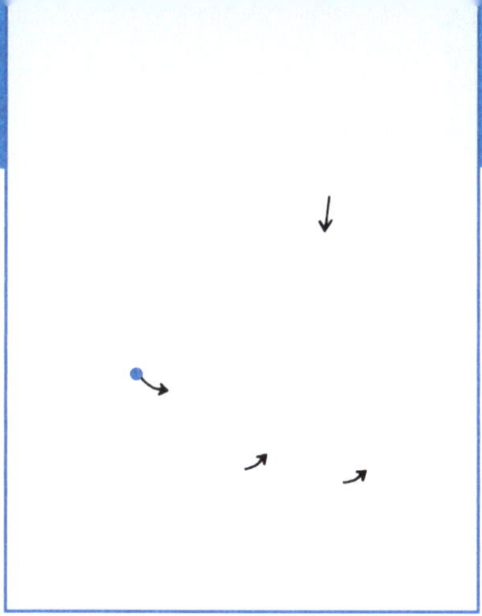

el • el

el • el

bellen

Tafel

elf Esel

alle helfen

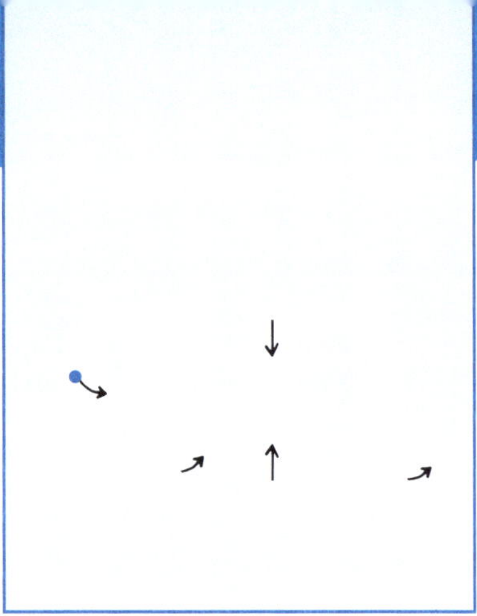

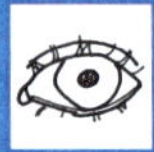

en en

en en

en en

laufen

raten

rennen

Kuchen essen

er er

er er

er er

leer

der Vater

der Becher

immer weiter

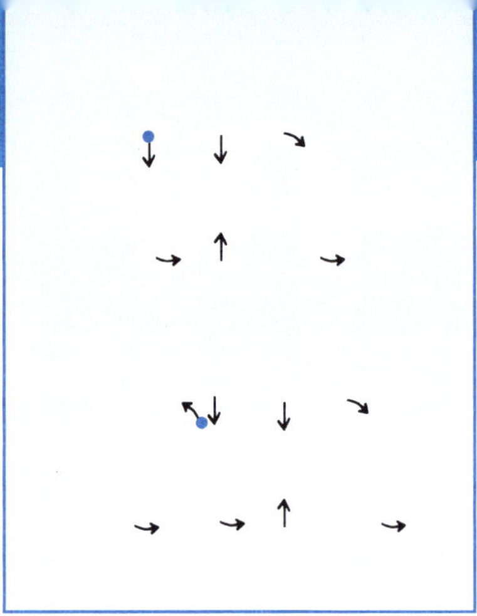

in an

in an

in an in an

in an in an

im am um

und

Kind

unser Tinto

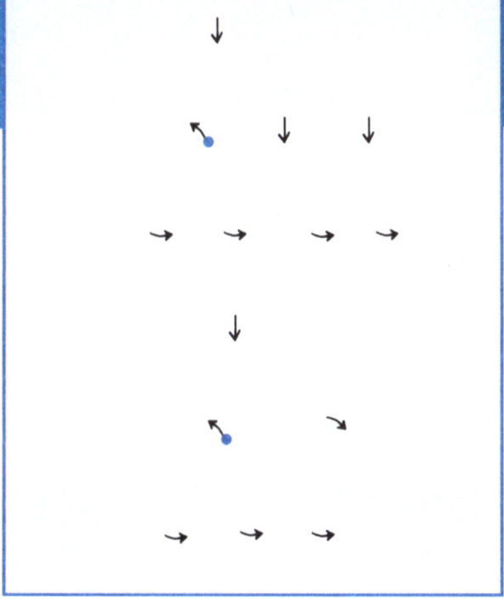

du de

du de

du de · · du de

du de · · du de

dein

der Boden

die Erde

dick oder dünn

Esel

Ende

ein Eis

die Eule

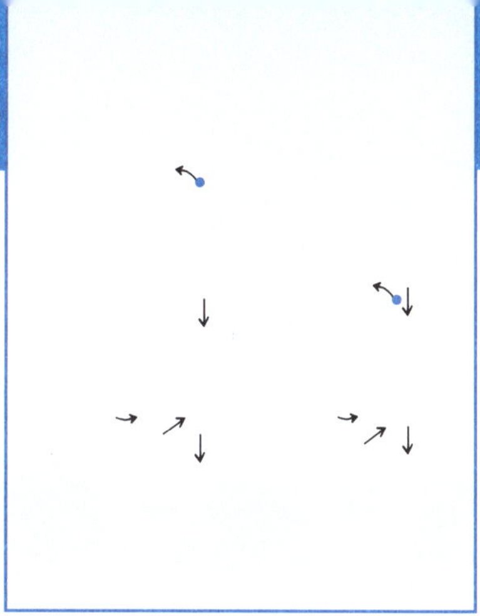

Gg Gg

Gg Gg

Gg Gg

gut

gegen

Gebirge

Geigen klingen

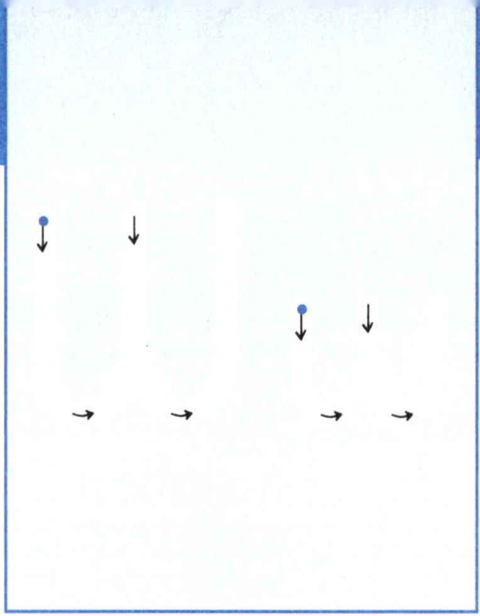

W w

W w

W w W w

W w W w

wer

wie

was

zwei Wörter